教科書に
書かれなかった戦争
PART61

犠牲の死を問う

日本・韓国・インドネシア

高橋哲哉・李泳采・村井吉敬
コーディネーター 内海愛子

梨の木舎

目次

1　佐久で語りあう

「靖国と光州5・18国立墓地は、構造として似ているところがある」について

多津衛民芸館

多津衛民芸館館長　あいさつ

吉川　徹

ここの管理をしております吉川と申します。

「いまの日本をどうみるの?」

どうしてこの企画がはじまったかということをごく簡単に申し上げます。梨の木舎の羽田ゆみ子さんの出身地が旧望月町布施の式部でありまして、羽田さんがときどきこの民芸館にコーヒーを飲みにみえます。いろいろな話をしているうちに、ここでなにかやろうということになりました。

「ここは環境もいいし、どんなに大声をだしても近所でうるさいという人は1人もいない。なぜならば、近所がないからだ」(笑)、ということで始まりました。

最初に内海愛子さんにきていただいて、お話をうかがったのが、Part1でした。今日は4回目になります。本日は皆さんもよくご存知だと思いますが、高橋哲哉さんをお迎えしました。いままできていただいていました、内海愛子さん、村井吉敬さん、イ・ヨンチェさんにもおいでいただいています。

1週間ほど前、民芸館に電話がかかってきました。「高橋哲哉さんという人が、そこに来るそうだが、どうしてそんな有名な人が誰も知らないような多津衛民芸館にくるんだ」と。これにはどう答えたらいいか、多津衛民芸館もすこしは有名ですと言いたいところでしたが（笑）。皆さんにおいでいただいて、ほんとうに嬉しくおもいます。

では、全体の司会は内海愛子さんにお願いいたします。

内海愛子　みなさん、こんにちわ。もう何回かお目にかかっている方もいらしゃいます。今日も2時から5時という時間枠のなかですが、あっというまに終わるおもしろい会になるとおもいます。パワーポイントもあります。映像もあります。歌も歌います。国家と追悼にまつわる歌です。イ・ヨンチェ（李泳采）さんが歌ってくれます。どうぞお付き合いください。

今日のこの会を望月ですることになった経緯について少しお話しします。今年（2010年）は、光州事件30年です。ここにいらっしゃる方は、光州事件を同時代のこととして、テレビや新聞で観ていらした方も多いとおもいます。

今年4月30日から5月2日にかけて、光州の全南大学主催、日本平和学会共催で、光州でシンポジウムを開きました。話し合われたことは、「光州事件とは何だったのか」、「光州における民衆の犠牲は何だったのか」、「民衆の犠牲はどう追悼されているのか」、「国家の犠牲を追悼するということはどういうことだったのか」などです。

「イム(君)のための行進曲」を歌う参加者たち

5.18自由公園－7人の烈士記念碑（光州）

そのシンポジウムでの高橋さんの問題提起が、今日のこの会につながりました。
高橋さんの投げかけた問題をシンポジウムでは十分話し合う時間が取れませんでした。司会の内海が、この続きは「場外でやってください」と提案し、それが、今日のこの場につながりました。
光州のシンポジウムを受けて、今日、「靖国神社と光州国立墓地は質的に同じものをもっているのではないか」「光州国立墓地における民主化運動の犠牲者の追悼をどう考えるか」という点に絞って、高橋さんとイ・ヨンチェさんに話していただきます。

今日の会では、光州シンポではふれられなかった東南アジアにおける犠牲と追悼について、村井吉敬さんに話をしていただきます。

最初に、議論の共通理解のために光州事件について、イ・ヨンチェさんに短くお話しをしていただきます。

会場の全南大学5.18研究所

市民軍出身の洪成潭画家の光州特別展示会

光州事件とは何だったのか？

イ・ヨンチェ　皆さんこんにちわ。光州事件とは何だったのか、簡単に紹介します。

みなさんもご存知だと思いますが、朝鮮半島は１９４８年をもって、38度線以南はアメリカの下に大韓民国（８月）、以北はソ連の下に朝鮮民主主義人民共和国（以下北朝鮮）（９月）という二つの政府が樹立されます。１９５０年６月には南北の間で朝鮮戦争が起き、朝鮮半島の統一はさらに困難になってしまいます。戦争がもたらしたのは、53年７月の停戦協定に基づく分断国家でした。１９６０年になると、韓国では親米の李承晩政権が、学生革命（４月19日）によって倒れます。その後、野党を中心にして成立した民主政権が続くかと思われましたが、10ヵ月も経たないうちに朴正熙将軍の率いる軍事クーデター（61年５月16日）によって、韓国は反共軍事政権の時代に突入していきます。朴正熙軍事政権は、１９７９年まで18年間も続きました。しかし、永遠に持続するかのように見えていた朴正熙政権は、側近（ＫＣＩＡ部長）による狙撃という予想外の出来事（79年10・26事件）によってその幕を閉じることになります。

長期の軍事独裁政権が去り、人々は「ソウルの春」と喜び、民主化の時代が到来したと期待を高めていました。ところが、朴正熙の「チルドレン」であった全斗煥（チョン・ドファン）、盧泰愚（ノ・テウ）を中心とするいわゆる「新軍部」勢力は、当時上官であった鄭昇和（チョン・スンハ）陸軍参謀総長兼戒厳司令官を、朴大統領殺害事件への関与の嫌疑で逮捕し、空白の中枢権力を掌握します。韓国の現代史では、この事件

映画『光州5・18』のポスター
韓国での原題『華麗なる休暇』

を「12・12軍事クーデター」と呼んでいます。

翌年３月、学校が始まり大学生らがキャンパスに戻ると、社会は再び軍事政権になっていました。軍事政権の退陣を要求する大学生のデモが全国へ広がり、80年5月15日には10万人の学生がソウル駅に集まります。しかし、デモ隊の執行部は、そのまま隊列を維持し続ける場合、軍部との衝突になることを懸念して、一時解散を決定してしまいます（これを「ソウル駅回軍」という）。新軍部はその解散をチャンスと捉え、翌日の５月17日に戒厳令を発動し、全国の反政府デモを阻止しようとします。

大学生の大学への出入りが禁止される緊迫の情勢のなか、ソウルから南に約３５０km離れている全羅南道光州では、学生たちが全南大学の正門に集まりました。大学に入ろうとした学生たちと、正門の前に立っている軍隊との間で激しい衝突が起き、それが「80年５・18光州民主化運動」（日本では「光州事件」という）へと発展していきます。

80年５・18光州民主化運動は、５月17日から始まり27日に終息した10日間におよぶ民衆抗争を指します。光州民主化運動は、80年代韓国民主化運動の象徴となり、また87年６月の民主化大抗争以降、韓国市民社会の成長と民主主義が花開いていく転換点ともなりました。

ここに光州事件を描いた映像があります。（ＤＶＤ 上映５分ほど）

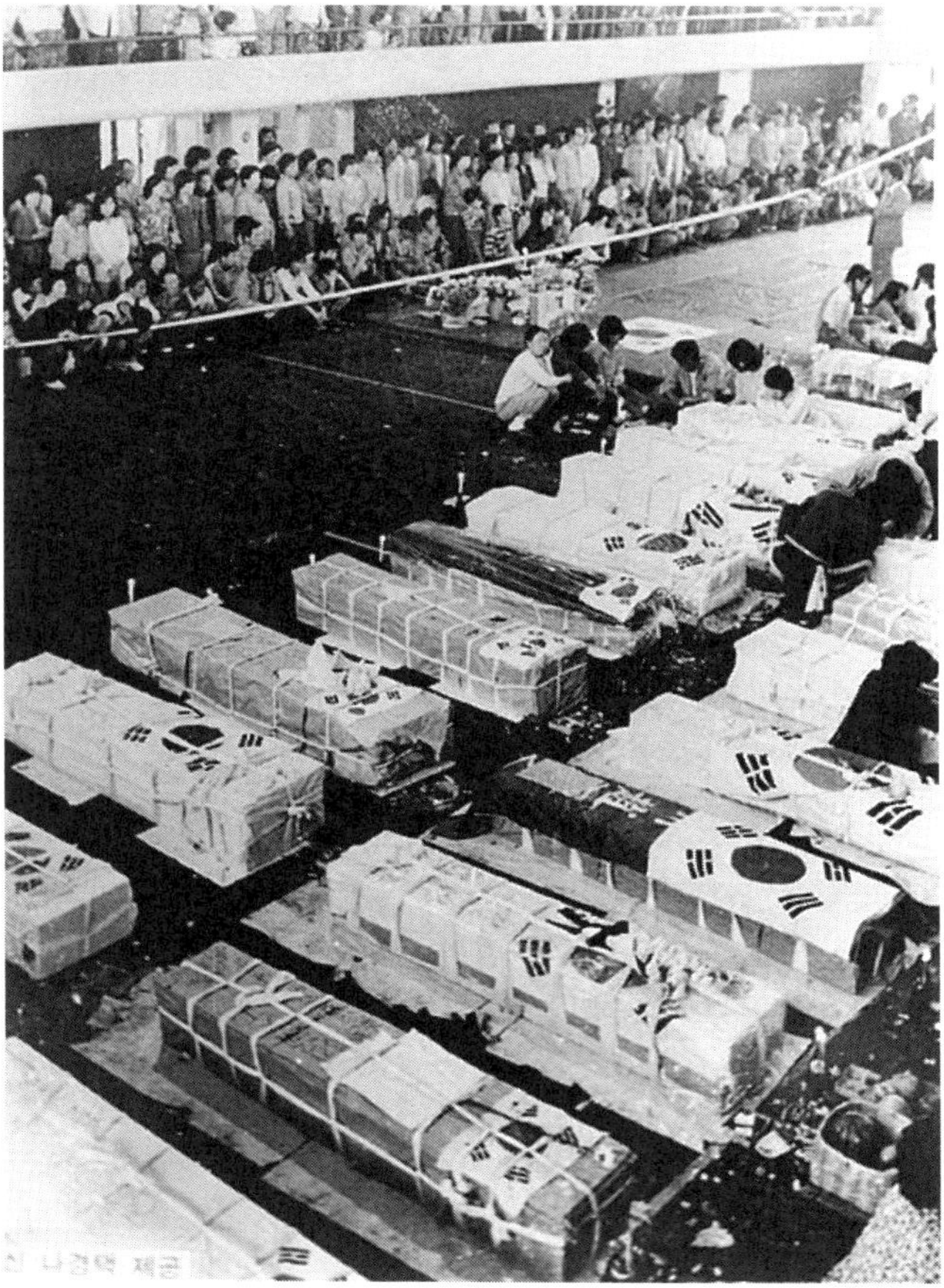
道庁付近の体育館に安置された５・18犠牲者の棺

日本でも劇場公開された『光州５・18』という映画です。韓国でのタイトルは『華麗なる休暇』。その意味は、当時光州の鎮圧に投入された特殊部隊の作戦名です。軍部は光州の民主化運動を「暴動」「暴徒」であると規定していたので、早く鎮圧して休暇をとろう、という意味でしょうね。

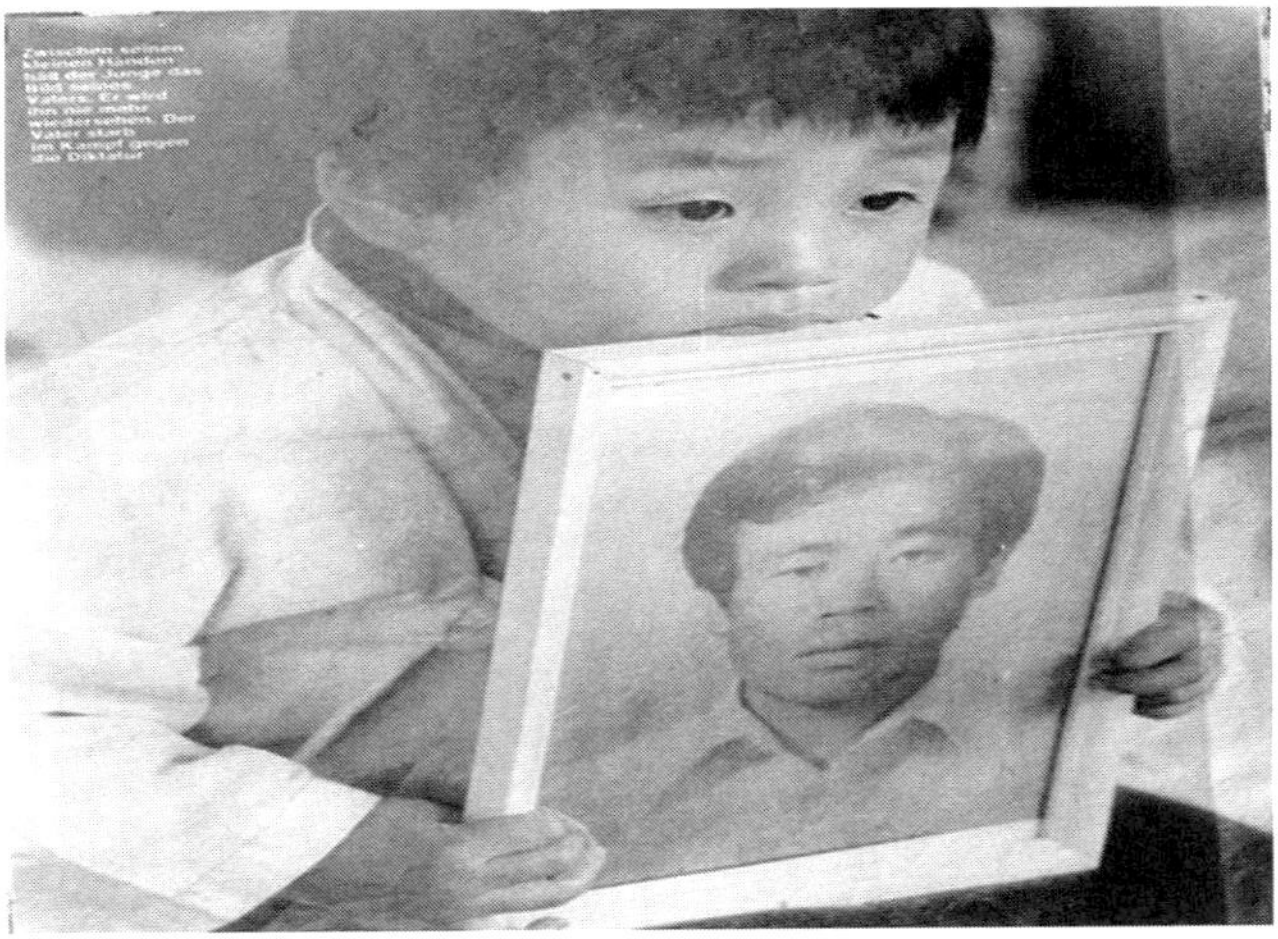

軍隊の発砲で亡くなった父親の写真をもつ子

軍隊の無慈悲な暴力に衝撃を受けた光州の市民は、タクシーやバスなどをバリケードにして市内に集結します。光州の市民らが軍隊を追い出す場面です。これは全羅南道の道庁の前に整列している軍隊と集結した市民が対峙している様子です。人々が軍隊の前で楽しく歌を歌うなど余裕ある姿も見えますよね。男性はほとんど軍隊の経験もしているし、また自分たちの息子などが軍隊にいるので、まさかその「国民の軍隊」が国民に対して銃を発射するとは思わなかったでしょう。

この人は、退役した軍人で、市民側に立ちました。演じているアン・ソンギという有名な俳優です。80年当時の韓国では午後5時になると、国旗に敬礼しながらその国旗を降ろす儀式が毎日ありました。ちょうどその時に軍隊の発砲がありました。（激しい銃声の音）軍による民間人への発砲は実際に起こった事です（実際には軍の発砲の時間は未だに明らかにされていません）。

軍隊の発砲で父を亡くし、泣いているこの子も実在する人物です。光州事件を象徴する写真として、父親の肖像画をもつ子どもの写真を見たことはありますか？　彼は大人になって、光州国立墓地で光州事件を説明するボランティアをやっていましたが、今は光州市役所で働いているようです。

自国の軍隊によって国民が銃殺されるという事態を、誰も予測できませんでした。光州事件は、韓国の国民が軍隊に対する見方を変える衝撃的な事件でもありました。

光州民主化運動を武力で鎮圧した3ヵ月後の80年8月、全斗煥は選挙なしで大統領になります。しかし、誰が発砲の命令をしたのか、何人が死んだのか、いまだにその真相は明らかにされていません。先の映像でもみられるように、デモに参加した人々は太極旗を振りながら、国旗への敬礼を尽くすなど、国を愛していた普通の庶民でした。しかし、光州で起きた虐殺事件は、全斗煥政権の厳しい言論統制により、光州地域でさえその事件のことを口にすることはできませんでした。光州事件は、「北朝鮮スパイによる内乱」「国家転覆を謀った暴動」として位置づけられ、記憶してはいけない、伝えてはいけない、「封じ込められた歴史」とされたからです。

80年代、5月になると大学街では光州虐殺の「真相糾明、責任者処罰」を訴える学生デモが頻繁に起こり、多くの学生らが逮捕され投獄されるなど抵抗が続きました。それがついに87年の民主化大抗争へとつながり、軍事政権はいわゆる**「6月民主化宣言」**（大統領直選制、政治犯釈放、地方自治制実施などの民主改革を受け入れる）を発表せざるをえなくなりました。そして、同年12月の大統領選挙で野党の分裂により当選した盧泰愚大統領は、「光州民主化運動関連者補償などに関する法律」（90年）を制定して、初めて「光州事態」を「光州民主化運動」と呼びました。

93年初めて文民大統領となった金泳三（キム・ヨンサム）政権の下では、「5・18民主化運動などに関する特別法」（95年）が制定され、全斗煥、盧泰愚という2人の前職

光州５・18国立墓地（左右とも）

望月洞の旧墓地の過去（左）と現在（右）

大統領が拘束起訴（97年）され、裁かれるなど、世界でも例をみない歴史的な出来事が起きました。

一方、光州では犠牲者の名誉回復が進められると同時に、望月洞の旧墓地を5・18国立墓地に移転する「国立墓地聖域化事業」が進められました。そして、5・18記念財団の設立と国家記念日の制定も行われました。

しかし、民主化運動の聖地とも言われていた望月洞（マンウォルトン）の旧墓地から、光州民主化運動の犠牲者だけを分離して、国立墓地に移葬することが行われています。これは、韓国民主化運動の精神が望月洞の旧墓地と新墓地（国立墓地）に分離されて、韓国民主化運動においても、死とその国家追悼をめぐる論争が起きている時代にもなっていることを意味しています。

内海　ありがとうございました。

今光州で起こっていることを簡潔にまとめていただきました。誰が分離をし、犠牲者の分断をはかっているのか、これはまたのちほど話していただきます。

国家と犠牲についていてどう考えていくのか、今日のメインスピーカーの高橋哲哉さんは、光州のシンポジウムのときこういうことを言っていらっしゃいます。

「国家暴力の死者は、たとえ国家権力の側でなく、民衆の側であっても犠牲の論理によって語られてはならない」。

今日は、この話を展開していただきたいとおもいます。

もうひとりのスピーカーは村井吉敬さんです。『エビと日本人』（岩波新書）という本をご存知の方もいらっしゃるかもしれません。『エビと日本人』の著者が、なんで国家と追悼について話すのかと思われるかもしれませんが、じつはエビの養殖池が広がるインドネシアは、1965年に9・30事件が起きています。国軍によって、インドネシア共産党員およびそのシンパサイザー、民衆が殺された事件です。自国の軍隊が国民に銃を向けることは、インドネシアでは独立後も何度かありますが、9・30事件は最大の国家による暴力の問題です。村井さんはそのインドネシアを研究し、政府開発援助（ODA）についても批判的に議論を展開している研究者です。東南アジアの開発独裁についても考えたいので村井さんにお願いしました。

それでは、高橋さんからお願いします。

犠牲の死を称えるのか

——靖国、光州5・18、安重根の行為、カトリックの列福式…について

高橋哲哉

高橋哲哉　みなさん、こんにちは。

すばらしい自然にめぐまれたこの地で、会を開いていただいて嬉しく思います。どうぞよろしくお願いいします。

今日のテーマが設定された経緯はいま、お話していただきました。戦争と戦死者、犠牲と追悼を考えるということですが、私自身がこういうテーマに本格的に関心をもち始めたきっかけは、靖国問題です。靖国とは何か、靖国問題についてわたしがどういう考え方をしているかは、それ自体が大きなテーマになってしまうので、残念ながら省略せざるをえません。

靖国は特殊な面と普遍的な面をもつ

靖国の問題を考えていくうちに、靖国には2つの側面があると思うようになりました。1つは、日本国家が近代において戦争を繰り返してきた、その日本軍の戦争とともに存在してきた神社だということです。

そしてまた戦争は相手があってのことですから、日清戦争、日露戦争、満州事変、日

中戦争、太平洋戦争など、ロシアや中国、アメリカなどとの戦争のなかにあった神社である。ということはつまり、日本、アジア、世界の1回限りの歴史のなかで、1人1人名前をもった膨大な数の人間たちが直接・間接に実際に関わってきた、そういう問題です。中国の人々、朝鮮民族の人々、また国内での人々の関係も含めて、歴史的に1回かぎりの具体的・個別的な問題であって、そのなかで何を自分がどう考えるかということが問われている。

しかし、どうもそれだけではないな、と思いますね。というのは、日本の軍人や軍属など、戦争で命を落とした人が祀られる。日本の国家のために死んだとして英霊と呼ばれる。お国のために命を捨てたということで功績を称えられる。

そう考えますと、これは靖国だけのことだろうか。どうもそうではなさそうです。「国のために死んだ」国民を英雄として称える考えは世界各国に存在する。靖国問題で日本と対立している――対立の中身は単純ではありませんが――中国や韓国にも存在しますし、インドネシアなど東南アジアにももちろんあります。近代国民国家をつくってきた先輩である欧米の国々にも存在する。「祖国のために死ぬこと」を英雄的な自己犠牲として称賛する考え方、そしてその儀礼を行なう施設は、どこの国にもあると言っていい。ほとんどの国にあるわけですね。

ですから、靖国問題のなかにもそういう面がある。

つまり1回限りの歴史に関わる特殊な面と、実はどこの国家にも、国家であれば必ず存在するという側面、つまり普遍的一般的な側面があるのではないかと、考えるようになったということです。

わたしの本で言いますと、『靖国問題』（ちくま書房）というのは前者、一回限りの問題としての靖国問題に関わる判断を示したもので、後者、「国家のための死者」の顕彰システム自体について考えようとしたのが、さきほどご紹介いただいた『国家と犠牲』（NHK出版）という本です。『国家と犠牲』のなかでは、欧米の国家の歴史において戦争の死者がどのように祀り上げられてきたか、ということも論じています。

韓国の国立墓地の問題

そのなかで、1章を割いて韓国の場合をとりあげたんですね。これは、取り上げるときに、さすがにわたしも躊躇しましたし、非常に危ういところだなと思いました。

韓国からは、日本の靖国というシステムに対して、厳しい批判が寄せられてきたけれど、その靖国に対して、批判している韓国側にも同じようなシステムがあるではないかと。もしこういうことですと、どっちもどっちだ、ということになって、一回限りの歴史に関わる加害と被害の側面が、どこかにふっとんでしまって、議論が悪用される恐れがある。

ですので、これは慎重に論じられなければならない。ですが、この問題をほんとうに避けては通れないなと思ったものですから、あえてとりあげたわけですね。

韓国のシステムは、ヨンチェさんが紹介してくださると思うんですが、5・18光州事件にかかわる国立墓地だけではありません。

ソウルの郊外に巨大な国立墓地があって、ここには朝鮮戦争の死者が埋葬されています。そしてそれだけではありません、抗日独立戦争のなかで死んだ人も葬られている。ここは墓地ですから、神社ではないわけですが、そこで葬られている人が「英霊」と呼ばれているんですね。国家のために死んだ人々として顕彰されている、ということです。

国立墓地は、いくつあるんでしたか。光州は5番目ですね。

ヨンチェ　5ヵ所あります。ソウル顕忠院、大田顕忠院、馬山3・15墓地、ソウル水踰里4・19墓地、光州5・18墓地です。

高橋　そういうことですね。もちろん、韓国でも国立墓地の問題を研究テーマにしている方がいらっしゃいます。

たとえば、いまお話した、朴正熙大統領がつくった最初の国立墓地、顕忠院ですね、それと光州の国立墓地では、非常に性格がちがう。光州は、国家の軍隊によって虐殺された学生や市民の墓地なのですが、顕忠院は、まさに国家の軍人が主に葬られているわけですね。

そこにある、いわば国家による祀り上げのなかにある矛盾というか、パラドックスみたいなものは、韓国の研究者の関心を引いているところでもあるんですね。

そういう問題もあります。わたしは、さきほどもお話ししましたように、国家の顕彰施設という点に焦点を絞って、あえて靖国との比較をしたらどうなるかということを、さきほどご紹介いただいた光州のシンポジウムで試みてみたわけです。

これは、本で論じる以上にはるかにわたしとしては躊躇したんですけれども、しかし、光州で30周年のシンポジウムをやる、そしてその第1セッションに、「死者と国家の追悼」というテーマが掲げられている以上、この問題をとりあげることが、むしろ求められているのではないかと思いましてね。一緒に出た辻子実さんという方は、私は「靖国博士」と呼んでいる靖国の専門家ですので、わたしはむしろ光州のことを取り上げるべきではないかと、自分で覚悟を決めました。もしかしたら袋叩きになるかもしれない、とも思ったのですが、あえてこれをやってみたわけです。

侵略国家の兵士と民主化運動の犠牲者を祀る——構造的同型性とは？

わたしがそこでやった議論を簡単に申し上げますと、次のようなものです。

ひとつは、大前提として、さきほどの一回かぎりの歴史にかかわることですが、靖国と「5・18墓地」には明白な違いがあると。その違いは「政治的」な違いといってもいいでしょう。靖国の場合は軍国主義の国家で、侵略的な軍事行動を続けていた国家が、侵略的な軍事行動のなかで死んだ人物を祀る。当時の日本軍ですから、国家のために、すなわち天皇のために命を捧げた英霊ということになります。

これにたいして光州で葬られているのは、民主化運動のなかで、国家の軍隊によって虐殺された市民や学生なわけです。これを、民主化された政権が法律をつくって民主化のための功労者として記念するというかたちですから、民主化のための死者を英霊としているわけです。

高橋哲哉さん

軍国主義と民主主義、これは政治的には相当違うわけですよね。しかも光州の死者は既存の民主主義国家の兵士として戦死したのではなく、国家に抗して民主主義を目指す運動のなかで殺された。ですからこれを全体として同じであるなどとは決して評価できません。わたしが当時生きていたらどういう政治的立場をとったか。靖国には当然反対ですし、5・18の民主化の側に立ちます。それを大前提として、強調しておきたいのです、当然ながら。

しかし、それをしたうえで、さきほどの問題、国家が死者を「国家のために命を捧げた英霊」として祀り上げるというその構造というか形というか、その点においては共通しているのではないかと。わたしはこれを構造的同型性といっているんです。

そうすると、どういうことが生じるかというと、民主化の達成のための犠牲であっても、これは国家のための有用な犠牲、功績であったという形で、国家によって褒めあげられる、ということになる。そうすることによって国家はその死をですね、国家のために利用していく、ということができるようになる。政治的な利用です。

それにしても、民主主義の国家と、軍国主義の国家が同じだとは考えないんです。

しかし、実際に5・18墓地がどのように語られてきたかということをみていきますと、詳しくはここでは触れられませんが、5・18墓地をつくる法律自体のなかに、わたしがいう「犠牲の論理」があらわれている。

光州5・18墓地

5・18墓地は、その犠牲者を「民主化運動の功労者」として、その人たちを称えるためにつくられた。そしてその死者は「崇高なる愛国精神と愛族精神の規範」として恒久的に尊重されなければいけないと、こういう趣旨が法律に書かれている。

そしてその墓地で、2003年にノ・ムヒョン大統領が光州民主化運動23周年で演説しています。

5・18光州が「勝利の歴史」として復活した、と述べた上で、「この犠牲のおかげで今日の政府が誕生した」、「この政府はまさに5・18光州の崇高な犠牲がつくりだした政府なのです」と述べている。

ここに構造としてみてとれるのは、国家の最高権力者が、自らの政権、現在の政府が正当な政府であるということ、つまり光州の死者の死は自らの政権を生み出すための犠牲だったのだと位置づけている――この点をわたしは光州で提起したわけです。

この問題は、やはり非常にあやうい面をもっているとわたしは考えました。問題はそれだけでは終わりませんでした。

いまお話ししたのは、靖国と5・18墓地比較論ですが、わたしは、光州の死者が国立墓地によって、国家によって祀り上げられる以前の段階といいますか、5・18墓地が国家的顕彰施設として成立していない段階ではどうなっていたのか。そこに、もうひとつ考えるべきことがあると思うんですね。

わたしはこう主張しました――「国家暴力の死者は、たとえ国家権力ではなく民衆の側からであっても、犠牲の論理によって語られてはならない」

このように主張したきっかけは、シンポジウムの参加呼びかけ文のなかにこういう表現があったからです。

「光州民衆抗争は、朝鮮の分断、朝鮮戦争以来の抑圧者と被抑圧民衆にとっての一大決戦であり、光州民衆の血であがなった光州の究極的勝利は朝鮮現代史と東アジア現代史の再評価と、闇に葬り去られた民衆の復権へのたたかいの突破口を開くものでした」。

この「光州民衆の血であがなった光州の究極的勝利」という表現が、ノ・ムヒョン大統領の演説と瓜二つであるというところに、わたしはひっかかりを覚えてしまったのです。

当日、司会の内海さんが、呼びかけ文をつくったソ・スン立命館大学教授に「反論」を求めました。

ソ・スンさんは、私の記憶する限り、こうおっしゃいました。

「あなたの議論の大筋は同意できるが、ここだけは認めることができない。民衆の側の抵抗運動における自己犠牲というものを、もしあなたが否定するのであれば、わたしは絶対に同じられない」と。

そこで、議論をする時間がなく、司会の内海さんが「時間切れです、あとは場外でやってください」（笑）とおっしゃったので、議論は続きませんでした。

内海　それを受けた「場外」の議論が今日の集まりです。

高橋　あとでうかがったところ、この文章は、イ・ヨンチェさんがお書きになったということでした。この議論の場ができたのも、そのせいですね。

ですから、実は、ここ（座っているイ・ヨンチェさんとの間をさして）にはかなり緊張関係が存在しているといってもいいかもしれません（笑）。

さきほどもいいましたように、5・18墓地はすでに国家によって、国家の基準によって選択された人たちが移されて、国家の基準の下で祀られているわけですが、（光州の）望月洞（マンウォルトン）墓地自体を考えてみると、「光州民衆の血であがなった光州の究極的勝利」という論理をどう考えるかということは、ほんとうに難しい問題です。

さきほどソ・スンさんが出された「反論」に対して、わたしが自論を断定的に主張できるかといえば、そういうことはありません。

非業の死の美化

わたし自身この議論は、きわめて危ういという自覚のもとで、最終結論が、必ずしもでていない状況のなかで、問いとして自分で抱えている、という状態に近いのです。ただ、ここでの問題はなにかというと、わかりやすく言えば二つになるでしょうか。

一つは、悲劇的な死、あるいは非業の死といいますかね、戦争で死ぬ、あるいは民主化運動で虐殺される――こういうものは非業の死というしかないわけですよね。本来であれば、天寿を全うすべき命が、国家が絡む抗争のなかで死にたくないのに殺されていく。非業の死というしかない。この非業の死を美化する、というのが一番わかりやすい表現かもしれません。わたしはそれにどんな場合でも抵抗を感じる。

さきほどの言葉で言えば、「顕彰」ですし、「称える」ということですね。それに対する疑問です。

贖いによってえられる勝利

もう一つは、その死によって、まさになにかが贖われた、手に入ったという論理です。贖うというのは、代価を払って手にいれる、購入の購、あるいは贖罪というときの贖です。

贖いの論理というのは、ある犠牲によって何かが報われる、という論理なんですね。わたしたちは贖うとか、償うという言葉を無自覚に使いますが、よく考えてみますと、代わりに何かを手にいれるという構造がかならず存在する。

ですから、「光州民衆の血であがなった光州の究極的勝利」という、光州民衆の血という代価を払って、民主化が達成されたんだということになるわけですね。

わたしは、この贖いの論理、これに疑問を感じる、ということなんですね。

ですので、このレベルでは、国家がからむかどうかは関係がなくなる。国家が絡んでもそうなるし、絡まなくてもそうなる。非業の死を称えるということと、贖いの論理、わかりやすく交換の論理といってもいいです。

交換なのですね。血を差し出すことによって、命を差し出すことによって、勝利が得られる。

靖国でもそうですし、光州のロジックでもそういう部分があるのではないかと。国家がかかわらない場面でもありうると言いましたが、典型的には宗教の場面があります。

そもそも靖国というものは、国家の論理だけではなくて同時に宗教の論理でもあるわけです。神社ですから、神道という宗教的な形態をとっています。

明治から敗戦までは、「靖国は宗教ではない、そもそも神社は宗教ではない」といわれていたのですが、明らかに宗教だった。宗教学者であれば、神社が宗教でないなどとは、まず認めないでしょう。神道、神社はやはり民族宗教と考えられています。ですから、靖国に首相が参拝すると政教分離原則に反するのではないかという、憲法問題がでてくるわけです。靖国神社は宗教法人になっています。

血の犠牲は最高に美しいか?

靖国の場合には、宗教の犠牲の論理と国家の犠牲の論理が重なって存在しているわけですが、これが欧米ですとキリスト教の論理にしばしば重なっているわけです。

第2次世界大戦中は日本のキリスト教は完全に靖国に統合されてしまいました。個人でそれに反対した人、沈黙の中で反対した人はいるかもしれませんが、教会はカトリックもプロテスタントも、いずれも全面的な国策協力に走りました。拙著『国家と犠牲』でも取り上げていますが、わたしがいままでみた資料のなかでは、プロテスタントの新聞に当時載った論説「靖国の英霊」が象徴的です。「靖国は血の犠牲を最高度に評価するシステムで、これは他の国には無い。日本独特のすばらしいものだ」とクリスチャンの著者が書いている。血の犠牲を最高度に評価するシステムであると。「ところで、宗教のなかで、血の犠牲の意味をもっともよく知っているのは、キリスト教である。なぜなら、イエス・キリストが十字架上で血の犠牲をとげた、このことによって人間の救いがもたらされる、これを信じるのがキリスト教であるから。キリスト教が血の犠牲の意味をもっともよく知る宗教であるとすれば、日本のキリスト教徒は、靖国の血の犠牲の論理と、キリスト教の血の犠牲の論理の両方をもっているのであるから、世界最高なのだ」と。

こんなふうに、靖国の血の犠牲の論理と、キリスト教の血の犠牲の論理が一緒になってしまったわけです。そして当時の教会は、戦争を支持していったのです。では、日本のキリスト教会はそのとき一時的に狂ってしまったのか。そうではないと思います。

欧米のキリスト教会も長い歴史のなかで、国家の戦争と結びついてきた例はいくらでもある。十字軍の歴史はわかりやすいですね。十字軍はローマ教皇が発動したわけです。そして十字軍で死ねば天国にいけると、当時の教会はそう語っていました。

つまりそこでは、国家や政治権力の犠牲の論理と、宗教としてのキリスト教の犠牲の論理が、重なっていたわけですね。

近代国民国家では、露骨にそういうことはされなくなってきています。政教分離原則がいわれているんですが、まあ、現代のアメリカの戦争をみても、米軍が軍事行動をおこすときには、大統領が、ゴッド・ブレス・アメリカというわけです。広島、長崎に原爆を投下した飛行機がアメリカを飛び立つときに、神に祈っているんですね。そういう映像が残っています。ですから、宗教の問題が絡んでいるということははっきりしています。

キリストは人類の罪を贖うか

さらにいうと、キリスト教は、イエス・キリストの十字架上の死を、人類の罪を贖うための贖罪の死、犠牲の死と信じることを柱としてきました。わたしはここに、死を美化するということ、死を称えるということ、それがあることは否定できないと思います。同時に、贖いの論理なんですね。キリストの死を代償として人類の罪が赦されるということです。

死を美化するというのは言い過ぎのような気がするかもしれませんが、その後キリスト教のなかで殉教者がでてくるのは、キリストの死のあとに続こう、キリストに倣って、信仰のために命を捧げよう、こういうことなのですね。それはキリストの死が模範化され、美化されているからだといわざるをえないでしょう。

キリスト教における犠牲の論理は、複雑で深いものがありますので、単純には結論はだせませんが、この犠牲の論理はユダヤ教からきていますし、またイスラム教における犠牲の論理もあるわけです。「自爆テロ」といわれるものは、宗教的な理由なのか、政治的な理由なのかはあいまいにされていますが、宗教における犠牲の論理は、言い替えると、殉教の論理でもある。この問題を考えていて、わたしがこれはと思いましたのは、まさにカトリックにおける殉教者の問題です。

一昨年（２００８年）、日本の１８８人の殉教者が、ローマ教皇庁からその功績を認められ、「福者」に列せられるということがありました。「列福」という儀式が行われたんですね。列福のうえにあるのは列聖、聖人になるということです。長崎の26聖人がありますが、あれは、教会が聖者として認めた人たちです。一昨年は、１８８人、なかでもペトロ・岐部という人が有名ですが、これは、秀吉、家康時代に殉教した人たちです。この人たちが、聖者につぐ信仰の殉教者として福者とされる儀式があったのですね。

この列聖、列福というのは、靖国と内容的に同じだとは思わないのですが、やはり靖国と国立5・18墓地の間に構造的同型性があるのと似たようなかたちで、構造的同型性があると思います。一方は国家で他方は教会ですが、教会が信仰のために、自らの宗教のために命を捨てた人、これらの人たちの死を称えて、祀り上げるという構造をもっている。

わたし自身、そういう問題意識をもっていたのですが、しかしそんなことを言ったら、キリスト教の人たちはどう思うだろうと思っていたところが、日本のカトリックのなかで、列福式には抵抗があると、靖国とそっくりではないかという疑問を持つ人がおられるのを知りました。

列福式と靖国

昨年(2009年)、その人たちとシンポジウムをしまして、わたしは基調講演をしたのですが、その結果できたのが、『殉教と殉国と信仰と』(白澤社)という本です。カトリックの司教森一弘さん、真宗大谷派の菱木政晴さん、そして私の3人で議論したものです。森司教さんは、日本のカトリックのなかでも例外的にこの問題に疑問を持っている人のお一人なのですが、詳しくは、この本をお読みいただけるとありがたいと思います。

戦争、しかも侵略戦争のなかで殺されていった兵士、自分が殺されるか、相手を殺すかですから、相手を殺した人がいるわけですね。戦争ですから、敵を殺す、敵を打倒する、そういう場面に追い込まれて死んでいった人たちです。

それと殉教者は同じとは言えません。殉教者の基準は、1つは無抵抗であること、もう1つはイエス・キリストの教えを信じていたこと、3番目に、まさにその信仰のゆえに死んだということです。

これが殉教者であり、その殉教者のなかから選ばれて列聖、列福するわけですが、教会はなぜそのようにして一部の人々の死を讃えるのか。こういう問題があります。宗教の場面での犠牲の論理が問われるのではないかと。

日本の場合は、キリスト教はあまり見えないんですが、韓国ではキリスト教の力は日本の比ではないと思うんですね。それこそあれだけひろがると、いろいろなキリスト教があると思うのですが、民主化運動のなかで、カトリック、プロテスタント両方の信者の人たちが果たした役割はたいへんなものがあると思います。

光州のシンポジウムで基調講演をなさったのも、ハム・セウン神父で、その講演内容（本書巻末に掲載）はたいへん心打たれるものでしたが、わたしはそれを聞いていて、やはり韓国でも、宗教における犠牲の問題と、5・18における犠牲の問題がからみあっているのではないかと感じました。詳しくはここでは立ち入りませんが、わたしはそこに、一方ではやはり違和感、抵抗感と、しかし簡単には論却できない難しい問題を感じるわけです。

安重根の行為、彼の死、伊藤博文の死、をどう考えるのか

ハム・セウンさんの基調講演のなかにも出てきましたが、安重根（アン・ジュングン）の死をどう捉えるか。今年は韓国併合100年ですが、安重根は伊藤博文を射殺しました。そして日本側に捕えられて処刑されましたが、韓国では最高の「独立の義士」としての待遇をうけています。彼の行為、彼の死、あるいは彼によって殺された伊藤博文の死、これをどう考えるのか。こういう問題にもつながってくると思います。

もう1つ、これもやはりハム・セウン神父の講演のなかにでてきたのですが、ドイツのディートリッヒ・ボンヘッファーという牧師の死があります。私も、『国家と犠牲』のなかで取り上げていたので、問題がすべてつながるような気がしていました。ボンヘ

ッファーは20世紀のプロテスタント神学でカール・バルトとならぶ存在、もっとも影響力のある2人のうちの1人といってもいいくらいの人物です。若くして学位をとり、将来を嘱望されていた。信仰もたいへん深いものがあって、ここに（壁をさして）ガンジーの肖像がありますが、マハトマ・ガンジーの非暴力絶対平和主義に共鳴して、そういう立場をとってもいました。しかし、ナチスが政権をとりユダヤ人迫害をはじめます。ドイツの教会がつぎつぎとナチスになびいていく中で、彼は、ドイツ教会闘争という抵抗運動の先頭にたちます。そして、戦争が始まって、ユダヤ人が何百万人もガス室に送られて殺される、というようなときに、ボンヘッファーは、ヒトラーの暗殺計画に関与する。それが事前に発覚し、関連した人はとらえられて呵責なく処刑されます。ボンヘッファーも処刑されるわけです。このボンヘッファーの死について、戦後おおいに議論されてきたわけですね。

すなわち敬虔なキリスト教信仰をもって、当然ながら「殺すなかれ」という神の戒め、これを守らなければいけない牧師として、そして絶対非暴力主義のガンジーに共鳴していたボンヘッファーが、ヒトラーにたいしてであっても、なぜ殺すという決断をすることができたのか。彼のその意思決定の根拠はどこにあったのか。もし大勢の人を救うためなら、一人の犠牲があってもやむをえないということだとすると、それはどこまで許されるのか。

ボンヘッファー自身が書き残したものをみますと、ギリギリの場面では、国家の法律や宗教的な掟や、そういったものに反して、つまり自分は罪を犯してでも、決断しなければならないことがあるのだと、そういう方向に考え方が向いていたようにみえますね。

安重根の決断は?

ボンヘッファーの決断は、安重根の決断とつながっているかもしれないし、ちがっているかもしれない。ですが、ハム・セウンさんはおなじ文脈のなかで引いてきています。わたしもこの問題を考えていた。

もうそろそろ時間ですのでこれぐらいにしますが、いろいろ問題は広がってきます。国家による祀り上げだけではなく、それと関連しつつも、必ずしも国家に向かわない運動や思想のなかでの犠牲の論理を含めて、問われるべきではないか。そういう問題を考えているなかで、光州5・18の犠牲の問題にぶちあたったわけです。

とりあえずご報告ということで、お話をさせていただきました。(拍手)

戦死者の分断――戦死、戦傷死、戦病死

内海　ありがとうございました。

高橋さんが、1回限りの死の話をしました。靖国に祀られた兵士たちの死です。「国家のために命を捧げた英霊」が、みんな靖国に入ったわけではない、このことはご存知だとおもいます。入ることがいいかどうかはともかく、靖国に入れる死と入れない死がある。その選別の「基準」は何か。誰が選別するのかという問題が出てきます。

戦死という言葉をわたしたちは日常的に使いますが、「戦死」にはその死の「判定」

があります。戸籍には戦死、戦病死、戦傷死と分けて記載されるようになりますが、死の分類は日中戦争が始まってからです。これは『遺骨の戦後』（岩波ブックレット）に書きましたが、いずれにしても彼らは靖国に入る。それ以外の兵士の死は戸籍には「死亡」と書かれます。「死亡」の中には靖国に入れない死――自死、逃亡、捕虜も含まれています。

朝鮮人、台湾人兵士たちも植民地統治下では日本軍の一兵士として同じような扱いでしたが、敗戦後、この扱いがかかわってきます。この数年、日本に置かれたままの朝鮮人の遺骨を遺族に返す運動に少しかかわってきました。その中で戦後65年たっても遺族のもとに帰っていない遺骨があるだけでなく、肉親の生死もわかっていない遺族もいました。生死がわかっていないのに遺族という言い方もおかしいですが……。韓国からの問い合わせをうけて調べていく中で、強制動員されて亡くなった人――この人達は靖国にははいっていません。その遺骨が帰っていないだけでなく、いつどこで死亡したのかも分からない人もいました。「強制動員真相究明ネットワーク」は亡くなった人の情報をできるだけあつめて御遺族に伝えるため2007年ごろから調査をはじめました。その過程で日本人の遺骨の問題にも気づかされました。740万人の日本人（朝鮮人、台湾人を含む）が海外で死亡していますが、115万体が未だに収集されていない（2009年現在）。菅直人首相（当時）は、硫黄島の遺骨収集に積極的でした。

サンフランシスコ平和条約が発効すると政府がすぐ着手したのが、戦傷病者戦没者遺族等援護法をつくり、遺族への経済的な援護でした。そのためには戸籍の整理が必要になってきます。行方不明で戸籍がそのままの人々は、「戦時行方不明」として戸籍を閉鎖し、家族に「死亡通知」が送付されます。遺族年金の支給にはこうした措置が必要でした。同時に、遺骨収集に関する国会決議をして、硫黄島に遺骨収集にいっています。その現場は地獄絵だと、厚生省の係官が国会で証言しています。

靖国問題から、戦後わたしたちは日本軍兵士の死にどう向き合ってきたのか、遺骨の問題を見ないできた私たちの歴史との向きあい方が浮き彫りにされました。骨箱は空っぽだけど、「魂は靖国に帰っている」、この論理で遺族が政府に遺骨収集を強く迫ることもほとんどありませんでした。靖国の神になった祭神を記した一冊の「零爾簿」が遊就館に展示されていますが、これは靖国のフィクションのポイントだとおもいます。薄暗い部屋はおどろおどろしく、「英霊」が「祭神」になり「靖国の神として一体化」する合祀過程が説明されています。

遺骨はないけれど「靖国の神」としてまつられて「ありがたい」「もったいない」と遺族に頭をさげさせる儀式を行う一方、遺族年金や公務扶助料で経済的に政府が生活援護をする。戦後も政府は遺族の「心」の問題と「生活」の問題をこのような形で担ってきました。働き手を亡くし、生活に困窮していた遺族にとってこうした政府の援護は「ありがたい」ものでした。しかし外国人となった韓国人や台湾人の遺族がここから排除されています。韓国の遺族には「霊爾簿」記載による合祀のようなフィクションは通じないし、援護行政から排除されているので、逆に靖国の「からくり」がよく見えてしまう。

それでは、イ・ヨンチェさんにお願いします。

イ・ヨンチェさんは「ヤスクニキャンドル行動」の事務局を担っています。この「キャンドル行動」は、2006年に当時の小泉首相が靖国神社に「公式参拝」をしたことに抗議して韓国や台湾、そして沖縄から来日した遺族たちによる抗議行動です。

死の意味を付与しなければ残された人々は生きていけない……イ・ヨンチェ

イ・ヨンチェ　改めてご挨拶いたします。ここには去年（2009年）来てお世話になっていました。話には聞いているけれど、実際、顔も見てみたい高橋先生（笑）、とみなさん思っていらっしゃるでしょう、その先生とこうしてお話することになるとは、わたしも思いもよらなかったんです。わたしはあまり緊張するタイプではありませんが、今日はとても緊張しています。

わたしは韓国と日本を往来しながら、韓国の民主化運動や市民運動などに関していろいろ書いたりしてきましたが、いままで、あまり書かなかったことがあります。それは、1991年5月に韓国の若者11人が焼身自殺でなくなった事件についてです。

当時わたしは大学1年の新入生でした。その時のことを考え出すと今も眠れませんし、突然悲しみにつつまれて自分でも知らずに涙が出てきます。昨夜も夜中1時にようやく寝て、3時には家を出てきました。こちらに来られることが嬉しくて眠れなかったということもありますが、今日の準備で当時の映像を見ているうちに記憶が襲ってきたようです。いつも明るく生きているつもりですが、自分の記憶のどこかに、いまだにその時代を消化しきれない何かがあるのかもしれません。

人間の人生に付き添う死

去年こちらに一緒に来た金慶南さんは、釜山地域で工場に偽装就職して労働運動に関わった経験のある先輩でした。韓国のドラマや映画でもよく描かれていますが、労働運動の過程で彼女の友人たちと警察に捕まって拷問をうけています。その最中に彼女の友人が死んでしまいました。その衝撃で金さんは精神の病となり、しばらく社会から離脱されていたようです。現在はもちろん復帰していますが、おそらくその友人の死をいまだに考え続けているでしょう。今は大学の准教授にもなっていますが、わたしから見ると彼女はいまも深い苦しみを抱えているようにみえます。お酒を飲んだり歌を歌ったりすると、涙がぼろぼろ出て朝は起き上がれないそうですから。

わたしも民主化運動の過程で死の現場にいた経験からその気持ちが理解できます。深く考えることはないし、いや深く考えることを避けてきたかもしれませんが、同年代の11人が現実味をもって存在していたその時代や空間をどう考えるか、今のわたしには正直に非常に重く難しいテーマです。

わたしは基本的には、高橋哲哉先生の「犠牲を強いる構造」の論理に同意しています。その理論構成も分析もよく整理されているので、「犠牲を強いる構造」の領域に入り、もっと深く勉強させていただきたいとも思っています。

ただ、高橋先生のお話を聞きながらずーっと感じていたことがあります。わたしが韓国という社会で育ってきて、見て経験してきたことの中で、その枠組みでは論じきれない人々の死のいろいろなケースがあったような気がしています。高橋先生にそういう問題を一緒に考えていただきながら、わたしもまた深く勉強させていただきたいと思います。その意味で、今日はわたしの中にある記憶と韓国の民主化運動における追悼と「死の継承」の問題について考えてみたいと思います。

イ・ヨンチェさん

朴正熙時代の2つの追悼——李舜臣とチョン・テイルの死

レジュメがありますのでご覧になってください。まず、韓国社会における追悼の問題について考えてみましょう。

わたしの記憶では、韓国社会における社会的な死を初めて認識したのは、1979年10月26日、朴正熙大統領の死でした。わたしが小学校2年生の時でしたが、自分のお父さんが亡くなったように多くの人々が悲しんでいました。朴正熙大統領は当時18年間統治をしていて、北朝鮮の金日成に対抗する強いリーダーでもあったので、子どもだった私にもその悲しみと衝撃が伝わってきました。一方、94年、北朝鮮の金日成主席が亡くなり北朝鮮の大勢の人民がその銅像の前で痛哭して、地面を手で叩きながら泣いていた場面を見て、79年の時を思い出しました。

朴正熙大統領の時代、韓国社会では二つの「死の継承」問題が存在していました。一つは将軍李舜臣の死への追悼と、もう一つは青年チョン・テイルの死の追悼です。

「私の死を知らせないで……」

私が小学生の時、韓国のすべての小学校の校庭には李舜臣将軍の銅像が建てられていました。李舜臣は、1592年から始まった7年戦争で豊臣秀吉の倭軍を撃破して、一人で国を救った英雄だからです。その李舜臣が倭軍の銃弾を受けて最後に残した言葉として「わたしの死を知らせないで……」という名言があります。敵との戦いの最中なので、将軍の死が兵士の士気を落とすことを懸念しての言葉だと解釈されているようです。

しかし、その行為は、「護国忠誠、滅私奉公」の精神として子ども達に教えられました。文人の儒教精神が強い韓国社会で61年軍事クーデターで権力を握った朴正熙政権は、武人の正統性を強調する必要があったのだろうと思います。そこで登場したのが、将軍李舜臣を英雄化していく「聖域化」作業（68年―76年）です。60年代後半から始まった李舜臣「聖域化」作業は、ソウル市庁の真ん中に李舜臣の銅像を立てて、生家や戦跡地を整備し、学校では李舜臣少年の「愛国」の物語を学ばせました。李舜臣将軍率いる海軍本部のあった「統営」は、その地名も「忠武」へと変わりました（今は再び「統営」に変更）。

李舜臣の死に対しては、韓国で2004年に放映された「不滅の李舜臣」（KBS）というドラマが非常に印象深いです。そのドラマは、李舜臣の英雄性よりも、人間的な側面を描いたものでした。李舜臣の祖父が朝鮮王朝に反対する「革命」に加わったこと

ソウル広場に立っている李舜臣銅像

韓国、小学校校庭の李舜臣銅像

ドラマ「不滅の李舜臣」（2004年、KBS）

で、彼は没落した両班の子孫として育ちました。李舜臣が武臣として政界に進出するのが他の人より遅れたのも、家柄の影響があったようです。彼は官僚や上官の腐敗と軍隊の不条理に従わなかったので、実際何度も朝鮮王朝から白衣従軍（一切の官職官位を奪われて白衣をまとった一兵卒として従軍させる処罰）させられます。

ところが、任辰戦争（日本では文禄慶長の役）の時、王と朝廷の官吏が都と百姓を捨てて夜逃げをして、李舜臣が一人で倭軍の攻撃を撃破したことで、民衆の信頼と支持を得るようになります。しかし、後に都に戻った朝鮮の王は、李舜臣に勲章を与えるどころか、彼を敵と内通をしたスパイとして逮捕し、再び白衣従軍させてしまいます。民衆や国家の利益よりも、人気がある李舜臣をスパイ罪で殺すことで、地に落ちた朝鮮王朝の権威を戻そうとしたのです。

最後の決戦で、李舜臣は、一日でも早く戦争を終わらせるのが、朝鮮と日本の民衆の利益になると確信します。しかし、勝利して戻って民衆の英雄になるのは、再び朝鮮の王を刺激し、逆に自分に従った多くの兵士と百姓が朝鮮王朝の「逆賊」になることを知っています。それは、ドラマでは最後の決戦で李舜臣が自ら死を選択してしまう場面として描かれています。その場面から考えると、彼が最後に出した言葉「わたしの死を知らせないで……」は、彼が朝鮮王朝のために、国のために犠牲となった「忠誠の死」ではなく、民衆のための「犠牲の死」を意味することでしょう。朝鮮王朝によって、または国によって殺されたといっても過言ではないのに、国は逆に彼の死を利用し、国家追悼の枠組みの中にいれて英雄化してきたことに対するドラマ制作者のメッセージを感じさせるものでした。李舜臣の英雄化教育の中で育ってきたわたしは、このドラマを見ているうち、衝撃で映像から目を離すことができませんでした。国家の差別と弾圧を受けながらも、国家のために、民衆のために闘わなければならなかった人として、死んでからは誰よりも国家から自由になるべき人が、逆に国家の英雄になっている、それを知らないままにわたしたちは英雄の李舜臣を尊敬していたという複雑な感情で、自分の歴史観を反省したのです。

李舜臣の死は、さきほど高橋先生がおっしゃった安重根の死にも重ねられたりします。安重根が撃ったのは、厳密にいうと、日本の帝国主義者伊藤博文だけでなく、国家を売って帝国主義者側についていた、多くの朝鮮の「親日派」にも向けられたものでした。しかし、戦後韓国の「親日派」たちは、安重根を英雄化して日本への「反日精神」は強調したものの、自分たちの「親日」問題からは人々の目をそらせてきました。韓国社会の中に「国家の英雄」がどういう形でつくられていったのかを象徴している事例だと思います。

全泰壱（チョン・テイル）「わたしの死を無駄にするな」

70年代の韓国社会に影響を及ぼしたもう一つの死として、青年チョン・テイルの死があります。私は光州出身ですが、私が大学で学生運動に投身したのは、光州の問題よりも青年チョン・テイルを知ってからであります。

91年大学1年生のとき、ある先輩から、「青年チョン・テイルを知っているか?」と

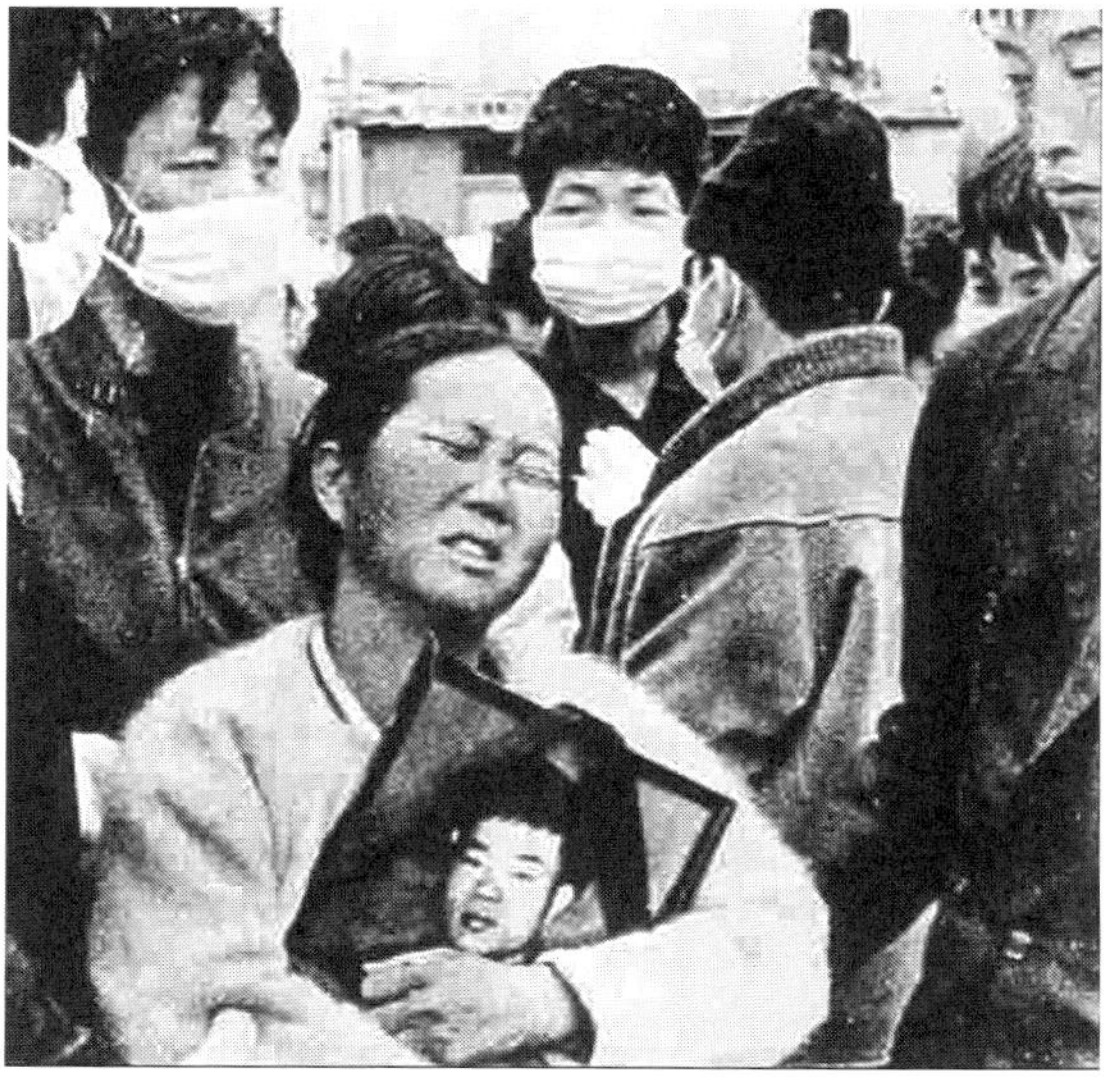
チョン・テイルの遺影を抱いている母・李小仙

映画『美しい青年チョン・テイル』（1995年）

言われ、一冊の本を渡されました。『青年チョン・テイル評伝』という本です。ご存知の方も多いと思いますが、青年チョン・テイルは、ソウル東大門の平和市場にある清渓被服工場の裁断士として働いていた労働者でした。彼は、同工場で働いていた女性労働者たちの長時間労働、安い賃金問題など劣悪な労働環境の改善を要求していきますが、社会の高い壁にぶつかります。映画『美しき青年全泰壱』（１９９５年）でも描かれていますが、彼は最後の手段として、守られない勤労基準法を燃やし、焼身の体のまま「勤労基準法を守れ！我々は機械ではない!!」と訴えて平和市場の一角で死んでいきます。

70年11月13日、青年労働者チョン・テイルの焼身自殺は、70年代朴正煕政権の高度経済成長の陰で犠牲になっている労働者たちの人権問題を社会問題として浮上させた衝撃的な事件でした。70年代、大学生や知識人らは東大門付近でいつも軍事政権反対のデモをしていました。しかし彼らは、その周りにある建物の中で、若い少女たちが労働搾取を受けながら死んでいる、そういう現実に気づいていなかったのです。

チョン・テイル銅像

復元された清渓川

チョン・テイルが残した日記には、「私に大学生の友人が一人でもいたら……」と書かれていました。彼は労働問題改善を要求するなかで、解決の手段として「勤労基準法」があることを知り、長時間働いてから夜中に一人で辞書を引きながら勉強していました。しかし、当時の労働法はほとんどが漢字で書かれていました。あるときは漢字一文字を探して徹夜した日もあったといいます。

チョン・テイルの死は、韓国の大学生たちにとって「大学生とは何か?」を考えさせる衝撃的な事件でした。その後、韓国の多くの大学生が大学をやめて、工場へ偽装就職(大学生の身分を隠して労働者として就職すること)し労働運動に投身していきます。先ほど紹介した金さんもそうした学生の一人でした。90年代に大学生だった私にとっても、「わたしに大学生の友人が一人でもいたら……」というその言葉は、自分が学生として何をすべきなのかを考えさせる重い一言でした。

チョン・テイルが残した言葉にはもう一つ「わたしの死を無駄にするな」というものがあります。これはチョン・テイルの遺言というよりは、チョン・テイル評伝のもう一つのタイトルにさえなっていますが、「チョン・テイルの精神」といえば、まさにこの言葉です。二度と自分のような悲劇的な死を生まないように問題を解決してほしい、という意味として解釈されていますが、この言葉は韓国の民衆運動のなかで、いわゆる「烈士の精神継承」の伝統として位置づけられるきっかけになった言葉でもあります。

チョン・テイルの死以後、毎年11月13日の前後には、「チョン・テイル精神継承と労働解放のための全国労働者大会」が開かれています。その大会には、労働争議のある全国の現場労働者たちが集まり、「チョン・テイル精神の継承」を訴えながら、労働者の権利向上と社会変革を主張してきました。しかし、労働現場では今もなお、毎年多くの労働者が労働争議の末に、チョン・テイルと同じ「わたしの死を無駄にするな」という遺言を残して「自殺」を選択している現実が続いています。

わたしは、大学生になる前までは、李舜臣の「わたしの死を知らせないで」という「愛国」とも取れる言葉に魅力を感じて、愛国少年として生きていました。しかし、大学に入ってからは、チョン・テイルの「わたしの死を無駄にするな」という言葉に引かれて、個人の生き方ではなく、「民衆・労働者のための」生き方を意識的に考えてきました。その意識は、小中高等学校の学校生活と学生運動の現場で行われていた二つの追悼儀式の中で形成されたように思います。

国民儀礼と民衆儀礼

わたしは朴正熙と全斗煥の権威主義時代に小中高等学校の教育を受けまして、まじめな愛国少年であったと思います。当時、毎週月曜日の朝9時には全校生を集めて「国民儀礼」を行っていました。その順番は、①国旗に対する誓い。そのとき、右手を左の胸に置きながら、「わたしは誇らしい太極旗の前で、祖国と民族の無窮の栄光のために、心身の全てを捧げ、忠誠を尽くすことを固く誓います」という誓いを唱和します。続いて、②愛国歌斉唱。最後に③「護国英霊と殉国先烈に対する黙祷」を捧げながら、国家追悼の音楽が流れます。いつもその黙祷の時間には、朝鮮の独立のために戦った人々を思いながら、感謝の言葉を誓っていた気がします。そして、教室に戻ると④教科書にあった「国民教育憲章」（1968年制定）という長い文を暗唱するのです。

「我々は民族中興の歴史使命を持ってこの地に生まれた。……」

国民教育憲章は試験問題にも頻繁に出ますし、暗唱テストを受け、パスできない人は、トイレの掃除をさせられたりしました。

12年間の国民儀礼を通過して大学に入ると、今度は学生運動や民衆運動の現場で、集会の前にいつも「民衆儀礼」というものを行いました。順番は「国民儀礼」とほとんど同じですが、その中身は「護国烈士」ではなく「民衆烈士」になるだけです。まず、「民衆の愛国歌斉唱」。この時は、国の「愛国歌」の代わりに、民衆がつくった愛国歌といわれる「イムのための行進曲」を歌います。この歌は、1980年5月光州事件当時、市民軍の代弁人的役割を担っていた全南大学の学生尹祥源（ユン・サンウォン、1950―1980年）氏と、彼が夜学で教えていた彼女パク・キスン氏の霊婚式で歌われた歌です。その後、この歌は光州事件を象徴する歌として、今も民衆の闘いの現場で広く歌われています。

皆さんに配った紙の一番後ろに歌詞を載せておきました。では音楽を聴いてみてください。

――「イムのための行進」が流れる――

임을위한《イムルウィハン》 행진곡《ヘンジンコク》
イムのための行進曲

백기완 시 김종률 곡
ペク・キワン詞 キム・ジョンニュル曲

Dm F
사 - 랑 도 명 - 예 도 이 름 도 남 김 없 이
サ ー ランドミョン エ ド イ ルム ドナムギモプ シ
あ ー い も め い よ も 名 も の こ さ ず に
동 - 지 는 간 데 없 고 깃 - 발 만 나 부 껴
トン ジ ヌンカンデ オプ コ キッ パルマンナブ キョ
同 志 は た お れ て は た の み な び く
Gm Dm A7 Dm
한 평 생 나 가 자 던 뜨 거 운 - 맹 - 세
ハンピョンセンナ ガ ジャ ドン トゥ ゴ ウ ン メ ン セ
い の ち か け よ と ち か い は も え る
새 날 이 올 때 까 지 흔 들 리 - 지 말 자
セ ナ リ オル テ カ ジ フン ドゥルリ ジマル ジャ
や が て く る 日 ま で ひ る む こ と な く
Gm Dm F C F A
세 월 은 흘 러 가 도 산 천 은 안 다
セ ウォ ルン フル ロ カ ド サン チョ ヌン アン ダ
と き は ゆ く と も 山河 に ひ び け
Gm Dm E E7 A A7
깨 어 나 서 외 치 는 뜨 거 운 함 성
ケ オ ナ ソ ウェ チ ヌン トゥ ゴ ウン ハム ソン
わ れ ら の さ け び つきな い か ん せい
Dm Gm F A A7
앞 - 서 서 나 가 니 산 - 자 여 따 르 라
ア ーブソ ソ ナ ガ ニ サ ーンジャヨ タ ル ラ
た ち あ が れ と も ー よ ー か ば ね を こ え て
Dm F A Dm
앞 - 서 서 나 가 니 산 자 여 따 르 라
ア ーブソ ソ ナ ガ ニ サンジャヨ タ ル ラ
い ざ ま え に す す ー ま ん かばね を こ え て

＊『歌よ、はばたけ！』柘植書房新社、2005年より

愛も名誉も名も残さず、一生闘おうという熱い誓い
同志はたおれて、旗のみなびく
新しい世の中が来るまで、揺れないでいこう。
歳月は流れても山河は知る
目覚めて叫ぶ熱い喊声
先に前に進むので、生きている者よついて来い

注
5・18民主化運動の中で犠牲になった尹祥源（ユン・サンウォン）（50年―80年5月27日、全南大学学生、市民軍の代弁人）と労動活動家・バク・ギスンの霊魂結婚式（未婚で亡くなった人のために行う）のために1981年に作曲された。光州事件を象徴する曲となり、軍事政権下では禁止曲となった。韓国民主化運動の過程では、「民衆の愛国歌」として言われて、集会などで国歌「愛国歌」の代わりに歌われた。光州国立墓地で開催される政府主催の記念式場でも斉唱されてきたが、2008年李明博保守政権の登場以降、記念式での斉唱をめぐって政府と市民団体との間で論争となっている。ここでは直訳して紹介した。49頁の楽譜の歌詞とは違っている。

高橋先生はこの歌に強い違和感を覚えるかもしれませんが（笑）、わたしは大学生の時一日何回もこの歌を歌い続けました。今もネットなどでこの歌を聞くと胸がいっぱいになります。
（後日高橋さんに「本当のところ違和感がありますか」と質問したところ、「違和感は

あまりありません。どちらかというと共感するものがあります」ということでした。)

歌は人の死を記憶し継承していく機能があるのかもしれません。この歌のおかげで、人々は光州を記憶しながら運動を継承し、87年6月の民主化大抗争、97年民主勢力への政権交替、金大中(キム・デジュン)政権、2002年民主権力の延長、ノ・ムヒョン政権へと繋がる民主化の時代をもたらしました。余談ですが、ノ・ムヒョン大統領は光州精神を継承している庶民大統領として、大統領当選後の初の国務会議(閣僚会議)で、「愛国歌」の変わりに「イムのための行進曲」を歌ったとも言われています。閣僚の多くが光州事件などで投獄された人々でした。

しかし残念ながらこの歌は、今年(2010年)、光州30周年の記念式では禁止されました。李明博保守政権に替わってから、李明博大統領はこの記念式に一度も参加しませんでした。そして、今年は国家保勲処(厚生省)から他の歌を採用するか新しい歌を制作するかという動きがありました。そのため、光州の遺族は政府主催の追悼式に参加しないで旧墓地で独自に追悼式を行いました(世論の反発で2011年には再び政府主催の追悼式場を使用)。

次に、民衆儀礼についてです。民衆儀礼でも黙祷をするのですが、その時に言われるのが、「祖国の自主統一と民衆・労働者解放のために闘い命を失った民衆・労働者烈士に対する黙祷」というセリフです。黙祷の際には民衆・労働者烈士の献身的な生き方に従うことを誓います。

軍隊に入ると軍隊式の追悼儀礼——「護国英霊と殉国先烈に対する黙祷」という式辞

――がありますが、その時には不思議と、朝鮮戦争で爆弾を持って戦車に身を投げていた兵士のイメージなどを思い出していました。その生き方に従うとは誓いませんでしたが……。

わたしは大学で長い間、民衆儀礼を行ってきましたが、軍隊の追悼儀式をしていても意外に違和感はありませんでした。12年間小学校から高校まで行ってきた国民儀礼と、大学での民衆儀礼、そして軍隊式の追悼儀礼でも基本構造と類型が似ていたからかもしれません。軍隊では軍歌をよく歌いました。自分でいうのもなんですが、歌が非常に上手だったのです（笑）。軍歌には、学生運動の時に歌っていた民衆歌謡と歌詞は違うのですが、同じテンポの曲が多かったのです。入隊する前に学生運動家たちは、軍隊は「悪」だと思い知らされていたので、緊張していましたが、他の兵士より軍隊での適応は非常に速かったと思います。学生運動の組織文化に慣れていたせいでしょうか、最後に師団長の賞ももらいました（笑）。

いま考えると、追悼の儀式は、国家体制によってつくられたというよりも、軍隊内で兵士の死を追悼してきた体制が、そのまま社会に適用され、国家追悼になっていったのではないでしょうか。軍隊のような死が常につきまとう特殊空間では、その死をどう追悼するかということも同時に問題となります。

では、韓国の民衆運動の中では、死と追悼の問題をどう考えていたのかみてみましょう。代表的なものとして三つのタイプを挙げることができます。

4・3事件と民衆追悼の意味

一つ目は、1948年済州道4・3事件の犠牲者追悼です。さきほど高橋先生が触れましたが、韓国では国立墓地として「顕忠院」がソウルと大田にあります。いつから、顕忠院で国家の追悼がはじまったのか。韓国では、1948年8月の国家樹立以降、軍人追悼の問題が出てきます。その背景になったのが、48年の4・3事件と麗水・順天事件です。韓国単独政権樹立に反対し、民衆蜂起にまで発展した済州島の4・3事件は、軍隊と警察に多くの犠牲者を出しました。そして、4・3事件の鎮圧に派遣されることを拒否した麗水・順天軍人蜂起でも、軍人に多くの犠牲者が出ていたので、国家樹立とともに「顕忠院」という国立墓地の形式でその犠牲者らを追悼しました。

一方、4・3事件の犠牲者になった民衆側にも、その死の意味を追悼する必要がありました。しかし、4・3事件は、48年8月の韓国国家樹立に反対して、国家樹立以前に起きた蜂起による犠牲者であったので、新しく樹立された韓国国家はその死の追悼を認めることができない状態でした。別の言い方をすれば、韓国国家を樹立することを反対していた人々なので、韓国国家機構が存在している限り、その人々の死を正確に意味づけ、それを追悼するのは難しいということです。

特に、韓国では61年から軍事独裁政権が続いていたために、国家そのものの存立に反対していた人々とその子孫たちが、国家を相手にその真相究明を要求することはきわめて困難であり、当然ながら弾圧の対象にもなる問題でありました。その結果、4・3事件の死の記憶は、長い間完全に封印されたままとなっていました。

金大中大統領の時代に、非民主的・権威主義的な国家の暴力により人権侵害を受けた人々に対する謝罪と補償を行う、いわゆる「過去清算」が行われました。しかし、その中には4・3事件犠牲者や共産主義者のように、韓国国家そのものに反対して虐殺された人々は含まれず、民主的と言われた韓国政府でも、彼らを韓国民主化の貢献者として認定できない限界がありました。それゆえ、家族の死の記憶と追悼さえ抑圧されていた人々が選択した追悼の方式は、シャーマニズムに基づく個人的な魂の慰霊でした。

その後、4・3事件の犠牲者に韓国国家が謝罪して追悼することで彼らの死が名誉回復される形にはなりますが、厳密に考えれば、彼らが一番望んでいなかったのは、韓国国家の存在でありました。また、国家による追悼には、彼らを殺した軍人や警察などの加害者とともに追悼されるという矛盾が存在しています。したがって、韓国社会における民衆追悼とは、このような国家権力による排除や差別、国家追悼の矛盾から、その死の意味を記憶しようとした形であったのだと思います。

5・18光州事件と追悼闘争の意味

二つ目、1980年5月光州事件の犠牲者の追悼です。

最初に光州事件の背景に関しては説明しましたが、光州事件の中では、いろんな人々の死がありました。夫を探しに行ったところ戒厳軍の銃に打たれて亡くなった妊娠6ヵ月の女性、軍隊に連行され拷問で獄中で亡くなった人、軍人たちに街で殴られて死んだ学生や民間人など。後に光州5・18財団は、当時約200人の人々が死んで、約1500人以上の人々が行方不明だと発表しました。

韓国現代史には多くの犠牲者がいました。日本の植民地から独立した1945年8月以降、49年までに左翼（アカ、パルゲンイ）と呼ばれ、約20万人に及ぶ人々が殺されました。そして、朝鮮戦争では約300万人の人々が死に、その中では民間人の大量虐殺もありました。しかし、死者の数では約200人である光州事件がなぜ韓国の民衆運動のなかでそれほど特別に記憶されているのでしょうか。

それは自分の死を自ら選択した「犠牲の死」が含まれていたからであります。5月27日、軍隊の鎮圧が近づく中、道庁にいる人々の間で討論が行われます。誰が最後まで残るのか？　誰が帰るのか？　家族がいる人、子どもがいる人は、執行部が人々を説得して帰らせます。しかし、家族がいても最後まで残ることを決意した人々もいました。誰もが生きるために闘ってきた気持ちを斟酌すれば、誰が残るのか判断し指示することは非常に難しかったと思います。生きている人々はこういう証言を伝えております。

「われわれは国家へ銃を向けた。しかしここで降伏してしまえば国家に対する犯罪者になる。また、白票を全斗煥に渡すことは、われわれがやってきたこと、死んでいった人々の願いが国家によってすべて否定されてしまう。誰かは残って、銃を持って国家に抵抗し、その意味を伝えていかなければならない」

その後、すぐ戒厳軍による道庁の攻撃が始まります。それは30分で終わりました。道庁から家に戻って奥さんと子どもと一緒にその銃声を聞いた人もいました。のちに彼は、「自分の人生で一番長く悲しい時間だった」と述べています。また、道庁が戒厳軍に鎮圧される最中、市民軍の女性が光州市内を車でまわりながら市民に最後のメッセージを放送していました。

「光州市民のみなさん、われわれを忘れないでください。われわれの死を絶対に忘れないでください」

光州の人々は銃声とともに聞こえるその放送を聞きながら、涙を流しました。死んでいく人々と生き残った人々の悲しみが交差している夜だったのです。映画『光州5・18』でも、その場面はよく表現されています。

光州の鎮圧後、新軍部により光州の真実は抹殺され、光州のことを語る者は親北共産主義者、国家転覆勢力となり、暴力的に弾圧されました。遺族が家族の死を語ることさえ許されなかったのです。大学や集会でその死を追悼しようとすると、戦闘警察が投入され関係者は逮捕・拘束されました。

しかし、生き延びた人々はその弾圧の中でも死を記憶するさまざまな闘争を続けました。わたしが大学生の時、図書館の机にはこのような落書きがありました。「その時、もしわたしがその場にいたら、どういう選択をしただろう…」

わたしがその場にいたら本当にどういう行動をとっただろうか。その問いは、その後多くの人々の人生を変えました。金大中氏は、光州事件以降、「内乱首謀者」として死刑囚となり、後に米国へ亡命しました。ノ・ムヒョン氏は光州事件を知ってから、判事をやめて、人権弁護士の道を歩みはじめ、後には大統領にまでなりました。ネット新聞

映画『光州５・18』の場面

道庁鎮圧後の犠牲者

『オーマイニュース』の代表で知られているオ・ヨンホ氏は、光州のことを雑誌で伝えるために10枚の光州虐殺の写真を載せたら、その雑誌は当局により閉刊となり、彼も弾圧を受けました。その経験が、後に市民メディアの開拓と世界第一のネット新聞社へと発展しました。韓国の代表的な社会派監督、金鐘鶴（キム・ジョンハク）氏は、光州事件をテーマにしたドラマ『砂時計』（1995年）を制作し、全斗煥・盧泰愚の両元大統領を逮捕まで追い詰めた世論に大きな影響を与えました。彼は光州事件の同時代人として、なぜ自分は生き延びているのかを考えたそうです。

国家追悼をめぐる国家権力と民衆運動の思惑

今は5・18国立墓地で国家主導による追悼式が行われてますが、光州事件の犠牲者の追悼が民衆儀礼の形式で行われるまでの道のりは、それほど簡単ではありませんでした。全斗煥政権は光州の犠牲者への追悼を徹底的に弾圧し、その関係者は北朝鮮支持者に適用する「国家保安法」違反として処罰をしました。しかし、遺族と運動側は、弾圧の中でも犠牲者の死を記憶するための「追悼闘争」を展開してきました。毎年5月、大学街で行われていた「追悼闘争」は、多くの青年学生の犠牲を出しながらも、徐々に大衆の中に浸透し、全国へ広がっていきました。その結果、「光州問題」は、80年代の政治権力と民衆の対立の中心的なテーマとなっていきました。それが爆発したのが87年6月の民主化大抗争だったのです。

87年6月の民主化抗争の後、世論のうねりもあり、軍事政権は光州の問題を解決しない限り、政権の安定が保障できないと判断しました。その結果が88年に「光州事態」を「光州民主化運動」へと認めた「民主化運動補償法」でした。そして、93年金泳三政権の時代には、5・18特別法が制定され全斗煥・盧泰愚の2人の大統領経験者を逮捕し、犠牲者には名誉回復と補償が行われました。そして、5・18国立墓地を造成して、望月洞の旧墓地にあった光州民主化運動の犠牲者を新墓地に移しました。

しかし、国によって行われた一連の名誉回復のプロセスは、結局、光州精神の分裂だけでなく、韓国民主化運動全体の分裂をも招きました。というのは、80年代の人々は光州事件の真相究明と責任者処罰を切り口に反独裁闘争を行って犠牲になったにもかかわらず、国の名誉回復は、光州事件の被害者のみの補償に限られていたからです。光州問題は80年代の民主化運動の本流とは分離させられ、権力の体制の下で「管理されていく民衆抗争」になってしまいました。ここで注目すべきことは、光州問題の国立墓地化は民衆側が妥協して国家を利用したという側面よりも、国家権力がその権力を維持するためにあらゆる手段で民衆の運動を分裂させようとした戦略から生まれたということです。

一方、光州民主化運動の名誉回復要求には、国家権力が犠牲者に対して謝罪を行うことで、国家権力が二度と同じ過ちをしないという、ある意味では権力に対する縛りのような機能もあったと思います。当時、光州事件は北朝鮮の操作による内乱として位置づけられていたので、国家権力自らがその謝罪と名誉回復をしない限り、犠牲者たちは真実をしゃべることはできませんでした。それゆえ光州事件の名誉回復の成功は、韓国社会における様々な国家暴力による犠牲者の問題を解決していく切り口にもなったのです。

しかし、高橋先生が指摘されたように、ノ・ムヒョン政権は光州犠牲者の名誉回復と政権の正統性とを繋げていました。それが保守政権に替わると、国家による光州の追悼式は、「国民儀礼」の形式のみが残され、追悼闘争から始まった「民衆儀式」の側面は完全に排除されてしまう問題が起きました。これは、民衆儀礼と国民儀礼の中には、どちらにしても犠牲者の死の意味が一元化されてしまう危険性を孕んでいたことは確かであったと思います。

91年5月、犠牲を強いる死の連鎖

最後に、1991年5月、焼身自殺をした大学生11名の連鎖する死についてみてみましょう。91年4月26日、ソウル西部にある明知大学の新入生・姜慶大（カン・ギョンデ）氏が、デモの途中、戦闘警察の逮捕組（いわゆる白骨隊）に捕えられ、鉄パイプで殴打され死亡する事件が起きます。韓国の大学街では毎年4月19日前後に60年4・19学生革命を記念した集会を皮切りに、5月の光州5・18闘争、6月29日の民主化闘争、7月の農村活動、8月15日の統一運動などへ繋がる一連のデモが始まります。新入生として大学の集会に参加した純粋な姜さんは、その日、警察の暴力で亡くなってしまったわけです。まるで87年の延世大学の李韓烈（イ・ハンヨル）さんが戦闘警察の催涙弾が直撃し死亡した事件のような大きな衝撃がはしりました。

しかし、姜慶大（カン・ギョンデ）氏の死の後、1ヵ月もの間、若い青年たちの自殺が続きました。全南大（ジョンナムデ）バク・スンヒ焼身（4月29日）、安東大（アンドンデ）キム・ヨンギュン焼身（5月1日）、慶元大（キョンウォンデ）チョン・セヨン焼身（5月3日）、韓進重工業の労働者バク・チャンス（5月6日、疑問死）、全民連（ジョンミンリョン）キム・ギソル焼身（5月8日）、全南大ユン・ヨンハ焼身（5月10日）、延世大イ・ジョンスン焼身（5月18日）、宝城高キム・チョルス焼身（5月18日）、全南大病院チョン・サンスン投身（5月22日）、成均大キム・ギジョン（5月28日、警察による集会の過剰鎮圧の過程で圧死）。

91年５月に焼身自殺した12名の遺影（20周年記念集会の写真）
「91年５月闘争20周年記念継承集会―烈士の志、われわれが引き継ぎます」

大学一年生でその時代の現場にいたわたしとしては、いまなお、その連鎖する死の空間の記憶から抜け出せないでいます。なぜその死が続いたのだろうか。その死の意味は何だったのだろうかと。

91年という時代風景を考えてみるといくつかの手がかりが見えてきます。87年6月の民主化大闘争にも関わらず、その12月には野党の分裂により（金大中と金泳三が袂を分かった）盧泰愚の軍事政権が続きます。その支持率は33％でした。その弱い政治基盤の上に立っていた盧泰愚の民政党は、総選挙で金大中の野党に大敗をすると、90年1月、共和党の金鐘泌、民主党の金泳三の保守野党を受け入れ、3党合党による「民自党」という保守大連合を作って政界改変を行いました。民主化の措置を望んでいた国民の間では大きな衝撃がはしり、敗北意識が蔓延します。

また90年暮れから91年にかけてはソ連及び社会主義陣営の体制崩壊が続いていました。その形が何であれ基本的には社会主義革命を夢見ていた韓国の革新系運動陣営のなかにソ連の崩壊は運動の方向性を見失わせる漂流と挫折の時代でもありました。多くの活動家が工場や運動の現場から離れて消えていき、有名な活動家の中には「社会主義放棄」を掲げて「転向」宣言を行い、「敵」に投降していく者もいました。

社会運動陣営内に閉塞感と挫折感が広がっている中、大学の新入生・姜慶大（カン・ギョンデ）氏の暴力的な殺され方は、政権の正体を赤裸々に見せつける出来事であり、運動指導部層は、その死の意味を大事にして運動の危機を突破しようとしたのかもしれません。87年に並ぶ大規模なデモが続きました。そのデモが鎮圧され、運動側が弱くなっていくと、また次の大学生が焼身自殺をしてその闘争が続けられました。1ヵ月というわずかな間に12名の大学生や労働者が死んでゆきました。

運動をしながら初めて死の恐怖を感じた時期でもありました。集会に参加してから戻ると、翌日また、誰かがどこかで「カン・ギョンデと私の死を無駄にするな」と言って死ぬ。死によって闘争がさらに盛り上がるような気もしていました。若い大学生の死が続く中、集会に行ってきて夜一人になると自分も死を選択してしまうような気がして、朝が来るまで先輩などとお酒を飲み続け、お互いを頼りあった記憶があります。わたしも「わたしの死を無駄にするな」という遺言状を書いてポケットに入れていました。3、4年生の自殺より1年生の自殺は純粋なイメージもありその効果がもっと期待されていたかもしれませんが、どこかにそのプレシャーを感じていた記憶もありました。

しかし、1ヵ月に及ぶ12名の焼身闘争は、軍事政権にも抵抗していた有名な詩人金芝河（キム・ジハ）が保守言論の『朝鮮日報』に「死の祀りを片付けなさい」という投稿をしてから、その意味が急速に色あせていきました。「運動陣営が、生命を軽視し、死を手段化している」と批判し、彼の哲学である生命思想を強調したかったのだと思いますが、その論理は保守言論と当局が学生の追悼集会を弾圧する論理にもなりました。その結果、12名の死は「死を手段化」する「背後勢力」になってしまい、5月闘争は、敗北のまま終焉を迎えることになりました。

5月焼身政局とは何だったのか。死を手段化してそれを正当化してきたのは、それまで国家権力でした。

わたしを含めて死を選択しようとした人々は、民衆の代弁者になろうとか、追悼してほしいとかそういうことはまったく思っていませんでした。わたしの中でも何かをせざるをえないという使命感はありましたが、彼らもそれ以上のことを考えての焼身自殺だったとは思いません。運動陣営がその死を利用することで次の犠牲者が生まれたわけでもありません。「生きて闘いましょう。死なないでください。これ以上殺すな」が当時、叫んでいた言葉だったような気がします。民衆運動における死の選択というものが、それに続く他の人の犠牲を強いているのか、あるいは、死を追悼することが他の人の犠牲をよびかけることに繋がるのかは、証明しきれないことです。

特攻隊も意識の上では天皇のために死んだ人もいるかもしれません。あるいは家族を思っての死もあったでしょう。しかし、その死を選択せざるをえなかった死を強いる空間の構造にどこか問題があると思います。死を利用しているという指摘も可能ですが、その前に、その死を選択させる閉鎖的な空間の問題をずっと考えてきました。

その12名は、4・3の国家樹立反対の死でもなく、光州5・18民主化運動の虐殺による死でもなく、無名戦士の死に近いと言えるでしょう。彼らをどう追悼し記憶していくのか。韓国の民主化支援法が、87年までとしていることから、彼らは補償の対象にもなっていません。彼らにしても補償を望んだ死ではなかったと思います。彼らが焼身自殺をしながら夢見ていた世界はどういうものだったのでしょうか。

死の意味を付与しなければ生きていけない

最後に一言申し上げたいのですが、わたしは民衆儀礼であれ、国家追悼であれ、その死を英雄化したり、褒め称えることにたいしては反対です。しかし、①国家の追悼のなかに入れなかった人々、②民衆の追悼のなかにも入れなかった人々、③国家に追悼させなければいけない人々の領域があるという問題を指摘しました。そして、国家追悼であれ、民衆の追悼であれ、死を集団化して考えてしまうと、一人一人の死の多様な意味が見えなくなってしまう問題点があります。しかし逆に死の意味を集団化させないで、どういう形でその意味を付けていくのかという問題もあります。

巨大な国家権力による悲惨な死に意味を付けないと、生き残った人々は、あるいは遺族は、その切実さと悔しさで生きていくことができない。わたしは生きてあの人は亡くなった、そのちがいはどこにあるのか。沖縄戦で亡くなった人も、被爆してなくなった人も、光州で亡くなった人も、その死の意味を付与することは、生き残った人々が死んでいる人々とのコンタクトをとる唯一の手段でもあると思います。

わたしが学生運動をしていた時には、光州の死を認めさせること自体に大きな意味がありました。あの時期からみれば、英雄化された追悼のされ方には驚かざるをえません。死にどういう意味を付与し続けるのか。ヤスクニのような追悼方式でなくても、音楽、美術などさまざまなかたちで、その人たちの死を考えることもできるのではないでしょうか?

高橋先生が、出された問題にうまく答えられたかわかりませんが、わたしが考えていることをお話しました。(拍手)

内海　イ・ヨンチェさん、ありがとうございました。死の意味を付与することは生き残った人々が死者とコンタクトをとる一つの手段ですが、その意味の付与に国家が介入すると、別な文脈の中で意味が付与されていく。

アジアでは、戦争が終わったあと、植民地支配を脱して新たな国家をつくるために、多くの民衆の血が流されてきました。その国家がまた軍事独裁、開発独裁のなかで民衆に銃を向け、新たな犠牲を強いていく。東南アジアの国民国家の形成過程で、どのような犠牲が強いられてきたのか。インドネシアを中心に村井さんに話していただきます。

国家というのはフィクションです。……村井吉敬

——犠牲者を追悼することは、フィクションのうえにフィクションを創る行為

村井吉敬　わたしもいまお二人の話を聞いて緊張を強いられています。国家とか、宗教とか追悼とか犠牲とか、すべてが重い課題です。答えを簡単に出せるとは思いません。日本と韓国という2つの東アジアの国家は、非常に「国家国家した国家」だと思います。それに比べると東南アジアは少し違うのではないかと思っています。

靖国に入る人って誰？

東南アジアにおいて、国家のための死とか犠牲に意味がないわけではないのですが、その作られ方がちがいます。日本や韓国は、とりわけ一民族的色彩が強い。東南アジアは、基本的に多民族国家です。人口構成の上でタイ族が優越しているタイでも、タイ族が全住民の90パーセントぐらいです。あとの10パーセントは10以上に分かれる少数民族です。タイ族と言われている人も、はっきりは分かりませんが3分の1ぐらいは中国系の血がはいっているといわれています。

インドネシアの場合いちばん極端ですが、ひとつの国家のなかに、二百数十以上の民族集団（エスニック・グループ）があります。そして二百数十以上の言語が話されてい

ます。数え方によればそれを倍する集団になるかもしれません。このような国家のなかでの死とか、追悼とか、国家による動員は、東アジアとだいぶ様相がちがうのではないでしょうか。

ここでは2つだけお話したいと思います。まず、靖国とかかわることですが、「靖国に入る人って誰？」ということです。

靖国神社に「神様」として祀られるのは、天皇に忠義を尽くして死んだ、戦争で死んだということが条件になっているといいます。その上、天皇に「直属」しているという身分が必要です。天皇の赤子ですね。あくまでも天皇の軍隊に所属する軍人・軍属として、あるいは天皇の官吏、お役人として戦事の公務に従事していて死んだということが条件だそうです。朝鮮・台湾は日本の植民地であり、朝鮮人・台湾人は「日本臣民」だったから、戦死した死者が靖国に入っています。

村井吉敬さん

東南アジアでも、日本帝国の軍人になった人がいます。たとえばオランダの植民地だったインドネシアには、植民地軍としてオランダ領東インド軍がいました。そのなかにインドネシア人兵士がいました。日本が占領すると、インドネシア人兵士の中には捕虜になった兵士もいたわけです。この捕虜になった兵士の一部が日本軍の兵補（＝補助兵・ヘイホ）として採用されます。マレーシアにいたインド人の中にも兵補になった人がいます。この人たちの数は、正確には掌握しきれていません。あるデータでは、1

945年後半に、蘭印およびニューギニアを中心とするインドネシア・マレー・インド兵補の人数を7万4000人〜10万7500人と推計しています。また全体で20万人との推計もあります。陸軍、海軍にそれぞれ兵補がいました。

法的には、「陸軍部隊兵補を置くことを得るの制定の件」という法令もだされていて、陸軍は1942年9月に兵補規定が定められ、海軍は44年3月に海軍兵補規則を定めています。この人たちは日本軍の正規の軍人ではないにしても、明らかに日本軍に雇用された軍属です。

ジャワで、採用された軍属のなかには、ニューギニアやソロモン島などの南太平洋に派遣され、かなりの人が亡くなっています。亡くなった人の数さえ実はわかりません。先ほど遺骨のはなしがでましたが、日本人の遺骨すら放置されている中で、兵補の遺骨の収集を考えてきた人はわたしの知る限り皆無です。

にもかかわらず、「現地」で雇用された兵補は、本来は、天皇の軍隊に所属し、戦死したわけですから、靖国に祀られなければおかしい。しかしわたしの知る限り、靖国に祀られた兵補の話を聞いたことがありません。わたしは戦死した兵補を靖国で祀ってほしいと言いたいのではありません。靖国で祀られるかどうかには、その合祀の判定には、東南アジアの視点から見ると明らかな差別があることを指摘しておきたいのです。

この差別の構造は兵補の死亡率をみてもはっきり分かります。日本、軍人、軍人に比べても、インドネシア人兵補、マレー人兵補、インド人兵補の死亡率は非常に高くなっています。単純な比較はできませんが、東部ニューギニアでは、インド兵278人中42

名が戦死、傷病死が109名、刑死27名で死亡率は64％です。アンボン人兵補の場合は、戦死22名、傷病死37名、刑死9名で死亡率82・9％です。

「ムルデカの時代はいつ終わるんだ？」「オラン　カンポン　マナ？」（おまえはどこの村から来た）

もう1つは、国家の問題です。さきほど高橋さんから、国家に加えて宗教という、たいへん難しい話がだされました。宗教の話に立ちいらず、ここでは国家とは何かを東南アジアから考えてみたいと思います。

インドネシアは、すでにお話したようにとても多くの民族集団がいます。2つだけ、国家にまつわる興味深い話をさせていただきます。

インドネシア東部の辺境の島を歩いていたとき、非常に不思議な質問をうけたことがあります。1つは、「インドネシアのムルデカの時代はいつ終わるんだ？」という質問です。

「ムルデカ」というのは、独立であり、フリーダム（自由）であるんですが、「自由で独立な時代がいつ終わるんだ」という質問です。この人がなぜこんな質問をしたか。つまり彼にとっては、植民地の時代のほうが独立の時代よりもひょっとしてよかった、という体験があるのではないか。辺境の島ですから、オランダの支配がおよんでいたわけではないかもしれませんが、独立ってほんとうに尊いものだろうか、と。これは相当にきわどい問題提起ですが、国家と独立を相対的に考えて、独立の恩恵に浴さないか、あるいは独立なんかしないほうがいいと思っているただの人、普通の人もいるということです。

それは、たとえば東アジア、あるいは国家が強靱、ナショナリズムが強固なところからみるととんでもない「問い」になるかもしれません。独立は無前提的に正しいのか、立派なのか。独立しても圧迫され、無惨な被支配人民がいるのは事実です。独立してすべての人が解放されるわけではない、そこを突いた問題提起ではないでしょうか。

もう1つも、やはり東部インドネシアの辺境の島での体験です。わたしと生物学者の新妻昭夫さん（故人）と2人で捕虫網をもって村の中を歩いていました。わたしはチョウを集める趣味があって、捕虫網をもって歩いていたのです。新妻さんも生物学者ですからいつも採集道具を持っています。すると、村のおじさんがパラン（山刀）を抱えて歩いてきた。われわれに目をとめて、へんてこな外人がいる、彼にとっては何人だかよくわからなかったらしくて、「オラン・カンポン・マナ?」と質問された。「おまえはどこの集落（村）だ?どこの村から来たんだ?」という質問をしました。それで、新妻さんは、答えに窮して、「サヤ・ダタン・ダリ・ナカノ（中野から来たんだ……彼は東京の中野区の住民でした）」（笑）なんて答えました。この質問をしたおじさんは、インドネシア国民ではあるんですが、インドネシア国民である前に、どこそこ村の出身者、どこそこ民族の出身者、それがアイデンティティなわけですね。このように国家のアイデンティティよりも、その属する民族集団や、島であったり、村だったりに帰属感の強い人が多いところで、国家を成り立たせるのは大変なことです。このような「わけのわからない人」から成り立つ国家を統合し、統治するのは容易ではありません。

しかし世界には、このような多民族国家のほうが多数派です。国民国家が、日本や韓国や欧米の一部のように、「国家国家した国家」はむしろ少数派ではないでしょうか。ただ、そういう国家では困るので、国家はたくさんの仕掛けをします。写真をみてください。

①田母神さんみたいな人は、擬制であろうとも、国家を国家としてあらしめたい、こんな人は東南アジアにはあまりいません。

②これは、インドネシアで65年の9月30日事件、100万人ともいわれる共産党シンパや華人が殺された事件があります。9・30事件で蜂起した軍によって殺された、7人の将軍を記念する碑です。スハルト大統領は共産党に殺された将軍を記念して国家統治に最大限利用しました。スハルト時代のいちばん大事な反共モニュメントです。

③これは、タイの民主記念塔です。立憲革命が1932年にあって、このときにつくられたものです。1992年、軍クーデターで学生たちが犠牲になります。そのことを記念して民主記念塔の前でデモが行われました。

④　フィリピンの反スペイン革命のシンボル、ホセ・リサールの記念碑です。

⑤シンガポールは、ナショナリズムが勃興する前に、独立をイギリスによって与えられます。彼らが記念しているのは、日本軍に占領された時代の受難碑です。5万人の中国人が殺されたといわれます。それがシンガポール人にとっての、ナショナル・メモリー（国民的記憶・体験）になっているわけです。不思議なことに、シンガポールではラッフルズというかつての植民者の記念碑もあります。

⑥これは、フィリピンの南部の辺境の島。自分たちのアイデンティティを示すIDカードを自分でつくって、ピープル・パワーと言っています。

⑦これは、フィリピンのモロ民族解放戦線（MNLF）が、自分でつくった自分たちの国の地図。グリーンのところは自分の国だという、モロ国家です。ムスリムです。

⑧インドネシア独立記念50周年のときの独立記念塔です。実はこの記念塔自体も日本の賠償でつくられています。上の金の鯱みたいなのは（炎ですが）、純金でコーティングされています。32キロの金が使われています。

記念塔に巨大な国旗が釣り下げられました。これだけ強調しないと、みんなが国旗になじまないのかもしれません。

①擬制であっても国家を国家としてあらしめたい

②9・30事件で殺された7人の将軍を記念する反共モニュメント

③タイの民主記念塔。1932年

④ホセ・リサールの記念碑

⑤シンガポール、日本時代の受難碑

⑨独立記念式典の日の国旗掲揚。高校生が動員されます。あんまり暑いんで、女子高校生が失神して倒れたりするんですが。

⑩これは、インドネシアからの独立を願うパプアの人たちが、パプアの旗を掲げてデモしている写真です。この真ん中にいる人は、この写真を撮ったその半年後に殺されました。軍の特殊部隊に虐殺されています。

というように国家を常に再生産させる、国民に意識させる、それをしないと国家は維持できない。ことほどさように維持するのに難しい国家のほうが、わたしは人間的な感じがします。国家暴力というのはすさまじくあるわけですが、にもかかわらず、まとめきれない国家というのがひょっとしたら国家の常態なのではないでしょうか。有名な政治学者ベネディクト・アンダーソンという人は、「国家というのは心の中に描かれた想像の共同体である」と言っています。つまり国家は心に描いた単なる創造物であると彼は定義しているわけです。

ですから、国家というのはフィクションです。そういうフィクションであるということを、もっともっと言い続けなければいけないと思います。国家のために犠牲になったといって、それを追悼するということはフィクションの上にさらにフィクションを創る行為なのかもしれません。そういう意味でわたしは、高橋さんの「国家と犠牲」の論理に同意してます。

⑥フィリピン南部の島、自分たちのIDカードを示す人たち

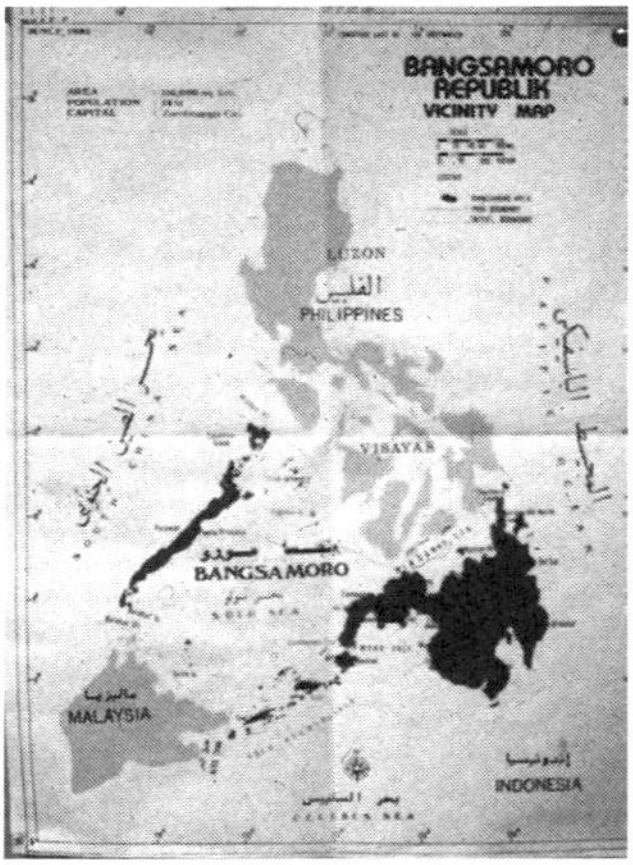

⑦モロ民族解放戦線（MNLF）がつくった自分たちの地図（色の濃い所）

⑧インドネシア独立記念50周年の独立記念塔

⑨インドネシア独立記念式典の国旗掲揚

⑩旗を掲げてデモをするパプアの人々

あの戦争の犠牲のうえに、いまの日本の繁栄が成り立っていると小泉元首相が言いましたが、それも全くの心の中の創造物でしかありません。ということで、わたしの話は終わりにします。（拍手）

犠牲について

内海　ありがとうございました。本来ならば、ここで高橋さんにもう一度お話ししていただきたいのですが時間がきてしまいました。みなさんの質問はアンケート用紙に書いていただいて、あとでおこたえいただくことにしたいと思います。

吉川　聞きたいことが山ほどあったのですが。

内海　では、質問だけはじめに出していただけますか。

吉川　例えば、孫が交通事故にあったとき、村が火事になったとき、なにかやろうとする。

ちょっとこれはどうでしょうか。あまり噛み合わないかなあ。自分は犠牲になっても、孫を助けたとき、「おじいちゃんのおかげで、あんた助かっただよう」といってもらいたい。それをずーっと覚えていてもらいたい、って思うんですけれどね。人のために何かをするっていうことが、本来自分たちのなかにあるんじゃないかって思うんです。あまり関係ないと思っても、沖縄のために行動するとかっていう。

質問　奉仕と犠牲について。見返りを期待することとしないことですね。たとえば「7人の侍」。

内海愛子さん

質問　死を厭わないということがあると思うんですけれど。それを利用するのは許さない。

内海　5・18のとき、「あなたならどうする」ということが問われていました。BC級戦犯者の問題を考えるときも、「命令を拒否する」という選択肢はあるのか。どこまで選択できたのか。「あなたならどうする」という問いかけがいつもかえってきます。2000年12月、日本軍元「慰安婦」の人たちが責任者処罰求めて「国際女性戦犯法廷」を開きました。これを放映したNHKの番組が政治家や右翼の圧力で大幅に改変された事件がありました。改ざんの圧力に抗しきれなかったプロデューサーが現場のディレクターに変更の箇所を指示、番組は無惨に切り刻まれた形で放映されました。この時スタジオでコメンテーターをしていたのが高橋さんです。私は主催団体の運営委員だったことから事前にコメンテーターは下りていました。この番組改ざんに視聴者から抗議があり、裁判にもなりました。現場のディレクター二人はその後NHKをやめています。直接、改ざんを指示したプロデューサーやそれを命じたNHKの上層部は責任を取ることはありませんでした。現場の人が責任を取り、命じた側が姿を現さないという意味ではBC級戦犯裁判をほうふつとさせます。日本軍のなかでの1人の兵士がどこまで命令に抗せるのか。抵抗できないとしても、その「行為」に責任がないのか。「あなたならどうする」。組織と個人の問題を問われたBC級戦犯裁判の問題でもあります。

吉川　戦争というものが、いかに個人の生き方を問うか、一生引きずっていかなければならない問題を残すかということですね。いまの日本をどう考えるのというテーマで続けているこの会ですが、またこういう形で、問題を考えていかれればいいなーと思います。ありがとうございました。（拍手）

シンポジウムを終えて

シンポジウムはここで終わり、そのあと多津衛民芸館内の喫茶室たつみんの大きなテーブルを囲んで懇親会に移りました。

テーブルには、民芸館のスタッフたきちゃんたちの手作りで数々の料理が並びました。鮒の甘露煮――佐久地方の特産で、一年でこの時期2、3週間しか出回りません。野菜のてんぷら、蕗の煮付け、採れたてのプチトマト。

さて、「話は犠牲ってなんだ」というところから、高橋さんが質問に答えます。

犠牲について

高橋　「犠牲」とはもともと宗教的なことばです。「犠」は羊、「牲」は牛。つまり祭祀の際に動物を殺して神に捧げる。「犠」も「牲」もそれぞれそういう意味なんです。それをくっつけて「犠牲」といってるんですね。

村井　生贄の子羊（スケープゴート）とか。

高橋　――生贄ですね。ええ、宗教的な生贄です。動物を殺してそれを神に捧げるんですが、そのことによって動物自体が聖なるものになるんですね。

英語のサクリファイスもそうですが、ラテン語起源のヨーロッパの言葉では、「犠牲」は語源的に「聖化」ということです。つまり聖なるものにするということ。「聖別」という言葉もあります。聖なるものとして特別なものとする。ヨーロッパの場合は羊が基本で、ユダヤ教の儀式で「ホロコースト」の語源になったものが聖書にたくさん出てきます。これは羊を焼いて神に捧げることで自分たちの日ごろの罪を許してもらう、日本でも「全燔」とか「燔祭」とか訳されてきましたが、そういう儀式なんです。――贖罪の羊、スケープゴートです。イエス・キリストが神の子羊といわれて犠牲になったというのも、そのイメージが効いているわけなんですよ。

中国と聖書だけで言うのもなんですが、いわば東西を問わず、動物が神に捧げる犠牲として殺されて血まみれになるわけですが、その過程で実は聖なるものになっていく。そういうプロセスがあるわけです。

聖化のシステム

考えてみれば、靖国も、そっくりなわけですね。戦争で死んだ、その血まみれの戦死が、靖国の宗教的な儀式、招魂の儀とか、そういう儀式をやることによって、神になっていくわけです。だからこれはほんとうに、「犠牲」の論理、「犠牲」のシステムなんです。

さきほどは、死の美化と言いましたが、これは聖化といってもいい。褒め称える、顕彰する、そういうプロセスです。死自体は非業の死ですから、どれもこれも悲惨なわけですね。目も当てられない、人に見せたくない、さっき誰かがそう言っていましたが、人に見せられないような無残な死です。遺骨の収集の時、これは地獄だと聞いています。ところが、地獄の戦場で無残に殺された人が、いまや聖なる神様になってしまっているわけです。ここに劇的な変化があります。

「犠牲」というときには、私はこの意味での美化、聖化というものを込めて使っているのです。靖国がひとつのモデルになっています。

国立５・18墓地でも、悲惨な虐殺の墓地ですが、称えられるものになっているんですね。私としては、まずそういう問題意識があります。

おじいちゃんの犠牲

ただこれには、広い意味で、国家がかかわらない場面もある。

吉川さんがおっしゃったように、おじいちゃんが孫の命を助けるために死んじゃった。これだってやはり、「ああ、おじいちゃんりっぱだったね」と。お孫さんにたいしては、あなたの命があるのはおじいちゃんのおかげだよと。そのことによって、たとえば家族が危機に陥ったら、みんなおじいちゃんのように、自分の命を捨てても助けなくてはならない、とそういうメッセージが無言のうちに残りますね。そうすると、その構造はやはりすごく似ているわけなんですね。

では、犠牲ということを全否定できるか。そういう問題が出てきますね。おじいちゃんは、孫が死にそうだとなって、考える余地もなく、瞬間的に助けようと思って死んでしまう。孟子が言う「惻隠の情」ですね。子どもが井戸に落ちそうなときには誰だって助けようとする。そういうことは当然ありますし、「倫理」の根源はそこにあるのかもしれない。５・18光州のケースでも、私がその現場にいたらどうしたかといえば、自分のいのちが惜しかったかもしれないけれど、最後まで闘う、そういう決断をした可能性はあると思っています。

ですから、咸世雄さんのおっしゃっているようにソ・スンさんが仲間のために死を選ぶ決断をして、そういう行為におよんだと。ボンヘッファーもヒットラーの暗殺計画に参加したと。そういうギリギリの場面で、後から「自己犠牲的」と言われる行動をする可能性は、否定できないと思うんです。

内海　難しいですね。ギリギリの場面での行動を後からどう意味づけるのか、先ほどのイ・ヨンチェさんの提起ともつながりますが……。

高橋　そうですね。難しいのは、誰かがそういう行為をすると、自分にもそういう責任があるのではないかということが無言のうちに課せられてくるんです。そのことと、国家が英霊に続けというのと、つながっているのか、いないのか。すごく微妙で難しい問題ですね。

もっと卑近な話をすれば、これも吉川さんおっしゃったと思うんだけれど、われわれはたえずいろいろなものを犠牲にしているんですよ、たしかに。この食卓にだってたくさんの犠牲がある。鮒を食べているわけですから、鮒は犠牲になっています。今日は、わたしはこっちに来たんですけど、ほかに選択肢がなかったわけではない（笑）。だから、なにをするときでも、なにかを犠牲にしている、ということが言えないわけではない。絶対的犠牲の構造などと、難しい言葉で言う必要は何もなくて、誰しもそういう構造から逃れられない面はたしかにあるんじゃないかと、実は思っているのです。

話を戻せば、人間は、生にも死にもどうしても意味づけをしないと生きられない、ということから、犠牲の構造がでてくるとも言えます。「犬死」という言い方もありますが、これも意味づけですね。

内海 死の意味づけとも関連するのでしょうが、「人の命は地球より重い」という言葉も豊かな「北」の話で、「南」の貧困の中ではその言葉が時には空疎に響きました。

高橋 私の感覚はと言うと、さっきヨンチェさんが、今でも思い出すと「ぼろぼろになる」といいましたが、それに近いんです。非業の死に対する感覚は……。

光州でのわたしの報告でも、自分の立場を最後にだしたところで、「終わりなき喪」という言い方をしました。つまり非業の死はとりかえしがつかない。

完全に忘れてしまえば別ですが、忘れられないから記憶の問題というのがでてくる。忘れられないし、忘れたら死んだ人に申し訳ないじゃないかとか、いろいろなことがはたらくわけですね。ですから、思い返す。思い返すと悲しいし、涙が出るし、ぼろぼろになってしまう。これは、わたしはけりがつけられないのではないかと思います。

それをむりやり、あれは立派な死でした、国民の模範です、といってけりをつけようとするのが、顕彰の行為だと思うのです。

吉川 議論が入りくんでくるので、われわれは、靖国と光州というのを分けて出発しないと、自分のなかで整理できません。靖国は、だまされたということになるけれど、光州は民主化のためにたたかった死…。

内海 日本でも解放運動中で歌われた「同志は倒れぬ」という歌がありますが、これをどう歌うか。靖国と違って革命のため、民主化のために死んだという意識がありますね。それはたしかに、高橋さん言われるようにあとに続けという義務感を生んでしまいます。

「けりがつけられない」死をどう語り継いでいくのか。また、「時間切れ」になってしまいました。次回の「場外」は、東京で行いましょう。

（多津衛民芸館での話はここで終了。２０１０年9月18日夕方6時）

2　東京で語りあう

追悼施設につきまとう政治性、棺桶を担いで歩く抵抗、国家の弔いには下心（野心）がある、戦犯裁判を考えてこなかった戦後日本、等々について。

議論の場を東京に移しました。2010年10月16日（土）午後3時から6時、場所は、大阪経済法科大学麻布台セミナーハウス。

内海　今日は、多津衛民芸館の対話を東京でまた続けたいと思います。イ・ヨンチェさんの問いかけがあって、それにたいする高橋さんの答えを聞きたいというところからですね。

編集者　高橋さんから、靖国と光州5・18記念墓地は構造的同型性があるのではないかという指摘がありました。1つは非業の死を美化するということについての疑問、もう1つは、贖い（犠牲）の論理について、自己犠牲による死をどうとらえるか、問いとして抱えていると話されました。

イ・ヨンチェさんは、大筋のところで、高橋さんの論理に同意しながら、しかし韓国の民主化運動を体験した者として、同意できないところがあると言われました。1991年の学生たちの11人の自死について、その時代を体験した者として、はじめて話をされました。

それにたいして、村井さんは、もうすこし引いたところから、インドネシアなど東南アジアを歩いてきた体験から話していただきました。日本や韓国は「国家国家した国家」だけれど、東南アジアの視点から見るともう少しちがう「国家」の形があることをさまざまな例を引き合いに出して語られました。

イ・ヨンチェ　私が主に考えてきたのは、死にどういう意味を付与するかの問題です。

無辜の死に意味を付与しないこともありうるかもしれませんが、犬死だとしても、遺されたものとして生きていくのが難しい。あるいは自分と繋がりがあり、また国家暴力によって殺された死の場合には、さらにその死の意味を考えていくと思います。高橋先生の前回の説明での理論的な枠組みのなかで、死の意味付与に関しては、どういう説明ができるのか、そのあたりをお聞きしたい、と思っています。

高橋　学生時代から運動にかかわってきている人の死、自殺ですね、そういう凄まじい時間をヨンチェさんは共有してきたわけですね。それは、戦後日本の中でわたしのような常識的な生き方をしてきた人間にとっては、想像もできないような体験をしてきたわけですね。仲間が次々とみずから死を選ぶ、そういうなかで生き抜いてこられた。何十年たっても、自分のなかで決着のつかない問題を抱え込んでいる。その話を聞いたとき、わたしは、全くそうだろうな、としか思えないですね。

ヨンチェさんはそういう場所の、そういう時代の体験者だった。僕には測り知れない痛みを抱えておられるだろうと思いますが、そのことと、僕が犠牲の論理というものを批判したり、あるいは微妙なケースについては少なくとも違和感が残る、そういう形でいま問題にしていることと、じつは矛盾しないのではないでしょうか。

犠牲——顕彰と贖いの論理

高橋　というのは、犠牲の論理には少なくとも2つのポイントがあって、1つは、殺された場合が多いわけですが——自ら死を選ぶ自己犠牲というのもありますが——、あとに残されたものが美化するということの、靖国の場合「顕彰」という言い方をしていますが、なんらかの意味で美化するということです、これが1つです。

もう1つは、光州のシンポジウムのパンフレットにあった「光州の血で贖った究極的勝利」という表現の場合。「贖う」、つまり何かを支払って、代わりに何かを手に入れる。購入の購ですね。物質的な意味でも、精神的な意味でも、それこそ「犠牲」なんですね。何かを自分が放棄したり、与えたり、要するに自分が支出することで、何かを手に入れるということ。そこから「光州市民が血の犠牲を払うことで、究極的勝利が得られた」という表現になる。

そういう贖いの論理、犠牲のおかげで何かが得られて、究極的勝利、要するに終着点に達した、つまり決着がつきましたということです。これに違和感があるんですね。

靖国の場合も、「英霊のおかげ」で、かつてであれば戦争に勝利したとか、領土が広がったとか、帝国の繁栄がもたらされたとか、そういうことでひとつの完結をみてしまう。これに違和感があるんです。

そうすると、光州のシンポジウムの最後に言ったのですが、わたしは、民主化運動のなかでの死、戦争の死もそうですが、非業の死というものは、そういうかたちで意味づけて完結できないものだと思うんです。死者の記憶につながっている人たちは、何十年たっても夜も眠れなかったり、自分はあれでよかったんだろうかと、葛藤し続けるのではないかと思います。

靖国でも、お国のために死にました、といって祀られる。遺族は、名誉の遺族になって、悲しむべきではなくて、喜ぶべき誇るべきことだということになります。当時はそういう記事が溢れていた。「靖国の母」「誉れの母」という記事が新聞にも雑誌にも溢れていました。

だけど、そんなにみんな割り切れていたかというと、そうじゃないですね。そんなことで納得できるか、という気持ちのほうが強かったのではないか。国家のほうは、靖国で神様にして褒め称えるし、遺族年金をだして慰撫するということをやる。しかし、それですっきりしてしまうような遺族だったら、わたしは逆に疑問なんですね。

追悼ということ

ですから、犠牲の論理では決着できないものが残ってしまう。それが広い意味での「追悼」だと思います。追悼というのは、追って悼むですね。悼み、痛みを抱え続けるということですね。

ヨンチェさんが言われたような痛み、それに決着をつけようとするのが犠牲の論理だと、わたしは思っています。そういう議論をこれまでもしてきました。

そのなかで、こういう反論に出会ったこともあります。佐藤優氏の発言です。そんなふうに言えるのは、人間の弱さを知らないからだ、悲しい記憶を抱え続けるということは、遺族にとってはつらく苦しいことであって、それを強いることなどできない。そこにちゃんと国がはいっていって、ちゃんと慰めてあげると、そういう必要があるから靖国は必要なのだと。高橋は文学がわからないだろう、人間の弱さを知らないから、と。

わたしは、むしろ逆だと思っています。人間が抱え込まざるをえない悲しみをごまかして、犠牲の論理で決着がつくと思っているほうが、文学から遠いのではないか、と。

民主化のためと軍国主義のため

もうひとつ、光州の5・18墓地と靖国でいえば、質がちがうというのは大前提です。あくまでも構造の問題として、国家儀礼をしてきたということです。ただイ・ミョンバク政権になって国家追悼すらされないという問題がでています。ここの部分は、政治的な選択の問題として考えるべきだろうと思うのです。実際、政治的に変わっているわけです。それはどういうことかというと、靖国と光州のちがいです。

民主化のための死者の施設と、軍国主義のための死者の施設では、政治的な質は大きく違う。じつは同じ民主主義の施設であっても、いろいろな質的なちがいがでてくる。だから、どんな追悼施設をつくっても、たとえ国家による謝罪のための施設であっても、政治性というものは必ずついてまわる。政治が替われば、同じ施設がまた全然ちがったものとして使われる。

ドイツのノイエ・ヴァッヘという施設ですが、ワイマール、ナチ、戦後東ドイツと変わって、その都度の国家イデオロギーで戦死者が顕彰されてきた。それが、ドイツ統一後にナチの犠牲者の死者を追悼する施設になった。これは評価が比較的高いんですけどね。ただこれまでの歴史をみて明らかなように、政治が替われば、追悼の仕方が変わる。だから問題は、施設ではなく政治、どういう政治をわたしたちが選択するかということだと思うのです。
その政治的な選択のなかでは、真の民主主義といいますか、ほんとうに民衆のための政治の質を選択する。ただし、政治権力である限り、どんな施設も政治利用される可能性はありますし、いつでも変わりうる、ということがポイントではないか。それが、とりあえずわたしの追悼施設にかんする立場です。

理想的な追悼施設?

しかし、これについても、「高橋はまだ理想的な国立追悼施設というものの可能性を認めているようだけど、それではダメだ」という反論もでているようです。

内海　どこからですか。

高橋　浄土真宗本願寺派に山本浄邦さんという人がいます。山本さんは最近『国家と追悼』という編著書のなかで、わたしの『靖国問題』や菱木正晴さんなどの議論について、批判的なコメントをしています。高橋や菱木は、靖国は次の戦争に戦死者を動員するサイクルであるという。「彼らはお国のために戦死しました。だから彼らを見習ってあとに続きましょう」といって新しい戦死者をつくりだす、そういう戦死のサイクルに問題があるという議論をしているけれども、それだけではなく、とにかく国が追悼に関わることが本質的に間違っているのだと。追悼というのは内心の問題だから、国立の追悼施設も全部拒否すべきだと。その関連で、済州道4・3事件の記念の例をだしていますね。お読みになっていますか?

ヨンチェ　菱木さんからいただいて目を通しました。私が読み取ったところは、「追悼というのは、自由権の問題だから、自由に関する領域を国が追悼すること自体を認めるのはおかしい」という指摘でした。その例として、後輩の高ソンマンさんが書いた済州4・3事件の事例が載ってましたね。その事例としては適当ではない、という気がしました。

高橋　私は靖国を戦争サイクルに還元しようとしているのではなく、あらゆる国家的施設につきまとう政治性を問題にしているのです。沖縄の平和の礎は国家のものではありませんが、あの平和の礎でさえ、戦死者顕彰の機能を果たす可能性があるということに、警戒し続けなければいけないと。

ですので、政治的な選択として、韓国で李明博政権に替わったとき、国がちゃんと責任を認め、追悼行事をせよという、そういう要求に問題があるかといったら、わたしは必ずしもそうは思わないのですね。国に追悼させるということは、ほとんど、謝罪させるという意味です。ただし、それでも、その政治性には常に注意する必要がある。

日本で、靖国の替わりに追悼施設といったときに、どういう態度をとるかということですが、国がそういうものにいっさい関わってはいけません、と考えるか否かということです。

ヨンチェ　追悼と国の関わり方に関しては、全体的にそのとおりだと思います。もう一つ、お聞きしたかったのが、民衆の戦いによる「究極的勝利」という指摘に対する意見です。

韓国からみたとき、靖国問題とは侵略戦争を犯した人々を追悼していることへの反発の性格があります。しかし、もっと綿密にみると、それは負けた戦争で亡くなった兵士や将軍を追悼していることから発する側面もあると思います。もし、日本がアジア太平洋戦争で勝っていたら、靖国の位置づけもその意味もまた違っていたと思います。もしそうなっていたら、今の人々は、靖国追悼を否定していただろうか、賛成していただろうか、という問題が生じていたと思います。さらに、負けた戦争なのに、今の靖国での追悼を賛成していたことに対して、一部の遺族は、極少数かもしれませんが、その追悼の方式には同意していませんが、その仕組みと妥協せざるを得ない状況におかれていたとも思います。

闘いのなかの人々の死

もう一つ、民衆にとって、国家暴力という大きな力によって殺された人々の死を記憶または追悼することの意味です。民衆追悼とは、国家暴力によって殺された人々と、その人々のことを引き受けながら、さらに多くの人々の血が流れていることへの「記憶の闘い」でもあります。彼らは、国家の仕組みの中に入れない、国家から否定されてしまっている人々の死のことを記憶し、継承していこうとする闘いをしてきたと思います。

戦後アジアのほとんどの国では、ナショナリズムに基づく反共軍事政権が登場して、国家の正統性を否定する人々を排除することで、その国家の正統性を維持してきたと思います。そこから多くの犠牲者が国家追悼から排除されてきたし、逆にその犠牲者を虐殺した加害者の人々を英雄化していくことで、国家の正統性や正当性を維持しようとしてきました。

民衆運動側は、その死というものを利用しようということはまったくなかったし、顕彰しようという発想もなかったと思います。まずは、軍事政権の弾圧のなかで、その死とのかかわりや、死んだ人を自ら隠しながら、その意味を考え続けていたと思います。言い換えれば、国家正統性を否定していた人になっているので、死んだ人のことを公に言えず、「記憶の持続」のためにさまざまな抵抗をしてきたと思います。一方、国家はその空間を破壊し、またその遺体を奪うことで、「記憶の再建」を妨害しようとしてきたと言えます。

例えば光州の追悼の場合、最初は、死んだ人々のことを記憶するために秘密の集会をやった時期がありました。それが全国に広まっていくなかで、大学キャンパスなどで制限された公の追悼の空間が確保されると、今度は光州の死の問題だけではなく、社会のさまざまな問題に、犠牲の問題がつながっていることを人々が考えるようになったと思います。最初光州の問題は、真相究明と責任者処罰にありました。その課題は、87年民主化大抗争以降、「第五共和国の過去清算問題」、「光州虐殺の責任者の処罰」そして韓国社会における民主化闘争での闘いの犠牲者の名誉回復問題へと拡大されました。光州事件で、郡庁に残った人々の犠牲がほかの多くの人々の犠牲を防いだという側面では、光州は前例がない「犠牲の抵抗」でもありました。

わたしが光州出身であるという理由からかもしれませんが、何かがあるとき、いつも光州を忘れてはいけないと考えたりします。それは人々の死を思うということよりは、人間の基本的な生き方の問題としてみていると思います。光州が光州だけの名誉回復で終わったわけではなく、光州以外のほかの地域での民主化運動やアジアの民主化闘争にも刺激を与えていることから、「究極的勝利」という表現になっていたと思います。

記憶を引き継いでいるか

民衆の追悼には、靖国の仕組みとは違って、追悼による「償い」があるわけではありません。靖国合祀の裏には、天皇による追悼の償いが与えられるだけでなく、援護金の具体的な補償も付いています。だからといって、光州の継承闘争が民衆による追悼のありかたであり、靖国が右傾的な顕彰のありかただという両極端の解釈をしているわけではないです。国家暴力による民衆の死が、国家の仕組みから排除されたとき、それをどう解釈していくのか、の問題提起です。現在国家が犠牲者を追悼していく点では、靖国と光州は同じ仕組みになるかもしれませんが、闘ったものの記憶を引き継いでいくという点でみたときに、靖国と同じ構造になってしまうのかは疑問です。

最後に前回、いわれた安重根の死についてですが、自分が選択したその死をどういうかたちで解釈していくのか。このあたりについてどう思っていられるだろうと。

高橋　いまのお話で、最初のところの靖国とのちがいについては、わたしもまったく同感です。ヨンチェさんの話ではっきりしますが、大日本帝国の戦争で動員されて、いやいやながらであっても、あるいは積極的に行った人もいるかもしれませんが、動員されて、アジアの人々や連合国軍と戦った。そして負けた戦争であるにも関わらず英霊顕彰されているのですね。しかし、当時の日本の軍国主義の体制に民衆が抵抗し、蜂起して反対だといって当時の日本軍から虐殺されるようなことがあったら、人々が記憶を持ち続けながら軍国主義の転覆を夢見て、そしてひっくり返して日本が民主化されるということがあったら、民主化された政権が侵略戦争の犠牲者をどう弔うかはまた難しい問題になるでしょう。

ある意味では、韓国はそれがいま一緒になっている。国立墓地のなかに両方とも入っているわけですね。軍に反対して虐殺された人々を政権が追悼するというのであれば、光州と近くなってくる。日本の場合はほとんどなかったわけです。そこが光州と靖国のあきらかに違うところだと思います。

民衆の側で闘った人の死で、それがなければ運動自体が成り立たないような、そういう重みをもつ死者の記憶があるということも、わたしもまったくそう思っています。

わたし自身、靖国の問題を考える前提として、記憶の問題から出発しているんですよ。95年に出した本には、『記憶のエチカ』（岩波書店）と題しているんです。出発点は、ホロコーストの記憶をめぐってクロード・ランズマンが撮った『ショアー』という映画です。これをめぐる議論から出発しているんです。

『ショアー』は、ナチスの絶滅収容所で起こった出来事の核心をいかにして伝えるかという、記憶の継承の問題をギリギリまでつきつめた映画です。語りえない出来事についても語る努力が必要なんじゃないかと。それがなかったかのように存続する体制に抵抗しなきゃいけないんじゃないかと。そこでは死者の記憶が決定的な役割を果たすと考えたんですね。忘れることのできない記憶、そして、犠牲の論理では語られないどころか、かき消されてしまう傷を記憶することの決定的な重要性が根底にある。

こういう立場は、一般に「記憶主義者」などともいわれています。政治的なレベルから、こうした表象困難な出来事にいたるまで、「記憶の義務」を強調する立場です。それはルサンチマンだ、忘却こそ健全なあり方なのだと、ニーチェを引き合いにだして議論をする人もいます。ですがわたしは、「記憶のエチカ」というところを出発点にしてやってきました。

付け加えれば、民衆の側の死者をどう記憶するかという問題でも、国が追悼するのか、国ではないレベル、たとえば集団的に追悼するのか、という違いも無視できません。いずれにしてもわたしは、犠牲の論理で語ることには抵抗があります。逆にいうと、沈黙の記憶といいますか、そういうものについて考えてみる必要があるんじゃないでしょうか。

具体的な施設で言うと、沖縄の「平和の礎」というのは名前だけ刻んでいるわけです。意味づけはしていない。極力避けている。沖縄戦で死んだ人であれば、連合国側の戦死者も含めてとにかく名前を刻んで、そこで何を思うかについては来た人に任せる立場です。そういう意味では、基本的に沈黙の施設です。沈黙ということを考えることはできないだろうか。

光州のシンポジウムのときに、ソ・スンさんは「棺桶を担いでやる闘いもある」と言われました。わたしもほんとにそうだと思うんです。

そういう闘いがあまりなかったのが日本の現代史ですが、その棺桶を担ぐときに、「彼は自分を犠牲にして闘ったのだ、この尊い犠牲を見習って、我々も彼に続こう」といって、闘うやりかたもあるし、皆で黙って棺桶を担いでデモするやりかたもあると思う。どういうふうに語るか、場合によっては語らない、沈黙というかたちもあるのではないかと。そのときに、究極的にそれぞれの人がどういう闘いの仕方を選択するかについては、外から評価することはできないように思います。

ソ・スンさんが言われているのは、あるいはヨンチェさんもそうかもしれませんが、個人があるギリギリの状況のなかで、自分は死んでも何かを実現させたいという決断をして、それを実行する。私自身、それを外から云々することはできない気がしています。

ヨンチェ　イスラム社会では、ジハードという抵抗がありますね。韓国では国家暴力による犠牲者が出たとき、最初に遺体を守る闘争が展開されます。遺体を公権力に奪われるとその死因が歪曲されるだろうし、また公権力は遺体を早く処理することで、人々の怒りと記憶を抹殺し、その闘いが継続されないようにします。儒教的な影響が入っているかもしれませんが、まずは、犠牲者の遺体を守ることをして、その後、真相究明を求めます。誰がこの人たちをこういうかたちで殺したのかという、この問題を究明することです。葬儀のときに棺桶を担いで歩くという抵抗もありました。しかし、その行為は、その犠牲者を神格化したり、美化したりするというよりも、「真相究明」と「責任者処罰」をしたいという強い意思です。遺族の手で追悼されるのか、あるいは民衆の手で追悼されるのかは、次の問題です。わたしたちが同意していたのは、その死とどう向き合うのか、その死を個人的なものにしていいのか、という問いであったと思います。誰でも血を流すのは怖いです。

韓国は血を流した。日本は流していない。

姜萬吉（カン・マンギル）先生がある市民フォーラムの集会で言った言葉があります。「日本は血を流していない、その上に立っている民主主義は脆いものだ」。この指摘が日本社会の変化に役に立つかはわかりませんが、そういうことを、日本人が心に思っているのは間違いないと思います。

村井　それはどうだろう。

イ・ヨンチェ　韓国で、民主化運動のなかでどれくらいの血が流れたかはここではべつにしますが、人々の闘いのなかには、いつも血のイメージがついてくるのは否定できません。それは多分朝鮮半島の歴史から由来するかもしれませんが、日本の植民地時代から独立後の48年4・3事件まで、そして朝鮮戦争の時期から87年民主化運動の時期まで、どの時期にも血が流れることのない民衆の生活はなかったのは確かです。朝鮮半島で暮らしてきた人々の認識の中には、国家暴力への抵抗には命をかけた犠牲の感覚がどこかにあると思うのですね。それに対して日本の戦後をみると民主化運動の中で１人も亡くなっていないと……。

高橋　樺美智子さん……。

ヨンチェ　そうですね。樺美智子さんの死を人々はどう受けとめていたのか、問題はそこだと思います。わたしは、基本的に、ソ・スンさんの問題提起には、共感しています。高橋さんの投げかけについて、ソ・スンさんが説明してくれましたが、民衆の闘いには棺桶を担いで局面を突破しようとする闘いもあるのです。

要するに、国家が暴力を使って鎮圧してきたとき、こちらは火炎瓶と鉄パイプの暴力でそれに対抗しました。敵が銃をもって弾圧してくると、光州では銃でそれに抵抗して自分の生存権を守ろうとしました。そのような側面からみると、韓国の民主化闘争には命をかける闘争がその背景になっていることから、非暴力・人権認識が抜けていたことは言えると思います。

しかし日本社会はその理由がわからないけれど、国家暴力に対して直接行動で抵抗できなくするうまい錬金術が存在しているようにも見られます。または歴史的にそうやってきたのか、死に対しての考え方も韓国社会とはちがうし、その死の真相究明のやりかたもちがう気がしますが。

高橋　日本の場合は敗戦前の長い歴史があります。たとえば、今年韓国併合100年ですが、同時に大逆事件100年ですね。

大逆事件では、幸徳秋水、菅野スガなど無政府主義者たちだけでなく宗教者もいました。曹洞宗の内山愚童は処刑されているし、浄土真宗の高木顕明は、無期に減刑されたけれども、秋田の刑務所で自殺しています。大逆事件については、戦後再審請求をしたんだけれども名誉回復はされていません。しかし、やはりフレームアップだったということがあり、犠牲者に対する再評価が進んでいます。

例えば、和歌山県の新宮市出身の人が何人かいて、高木顕明もそうですが、市が名誉市民としてではないですが犠牲者として顕彰しています。

高木顕明や内山愚童の場合、反逆罪ですから、教団そのものが除名したわけですね。真宗大谷派や曹洞宗です。僧職を剥奪しました。でもそれは、今となってみれば間違いでした、と。彼らは戦争や部落差別などに反対して活動していた。そういうことを現在の教団や新宮市が評価して、顕彰碑を建てているんです。

内海　そうですね。

高橋　それぞれのお寺や、公園に顕彰碑をつくっています。まさに「顕彰」されています。それは、所属集団をこえた形にはなっていないし、当時の大逆事件に連座した人々の活動は日本のなかでは非常にマイナーであって、国の民主化といった大きな運動にはとうていいかなかったわけですが……。

編集者　幸徳秋水は、高知県の中村出身ですが、幸徳せんべいというのが、あるそうです。

高橋　もちろん戦後のことでしょう。

フランスの5月革命のとき

高橋　さっきの話で思い出したのですが、フランスの1968年5月のとき、アレクサンドル・コジェーブという、ロシアの亡命知識人でヘーゲル解釈で有名な哲学者がいた。

そのコジェーブに「革命ですよ」と言ったら、「いや、まだ血が流れていない」と。

これは、有名なエピソードです。

ヘーゲル哲学では、人類の歴史は、自由の理念の実現に向けた進歩の歴史なんだけど、一直線に進むのではなくて、弁証法的にいろいろな否定の段階を乗り越えて進歩する。歴史でいうと、その段階で血が流れるということなんですね。「血」は否定性の経験の象徴なんです。でもわたしは、その論理に疑問符をつけていて……。贖いの論理です。血が流れることによって、なにか大きなものが得られるということになるんですね。

村井 それは、おかしいですよね。

高橋 つまり、ヘーゲル主義ですね、わたしが疑問をもっているのは。

そこから、国家や戦争だけではなくて、宗教そのもののなかの論理にも疑問をもっていて、イエス・キリストの十字架の死、十字架上で血を流して…

村井 贖われる、と。

高橋 そうですね。そういう発想について疑問を感じているんです。

民族解放戦争とは?

村井 さきほど編集者の羽田さんが、「村井さんは、引いた立場から」といいましたが、たしかに、お2人の論争というより、立場のちがいでしょうか。ヨンチェさんの場合、運動当事者で、民衆運動というものに、非常に思い入れが強いなかから、死者のことを考える。運動への親近感のなかから、追悼の話が出てきていると思うんですね。

高橋さんの場合、少し引いている、わたしはもっと引けている気がします。というのは、民族解放戦争なり民主化運動は、それはファシズム戦争よりはましだ、という立場に立ちます。そう並べること自体もちろん問題であるし、わたしだって、立場としては民族解放や民主主義のために闘うのが尊いと思っています。だけど、そこをもっと引いてみた場合、その時点で民主化運動は絶対正義にみえるかもしれない、あるいは民族解放戦争は正しいようにみえるかもしれないけれど、にもかかわらず、それで、東南アジア、あるいはインドネシアにひきつけて考えると、民族解放戦争とか、ある民族の立場に立って、ほかの民族を圧迫した闘いでしかなかったことがしばしばあります。

民主化運動についても民主化運動に参加しない人の論理もある。どっちもどっちだって言いたいのではなくて、そういう人たちの犠牲者の問題は、たぶんその人たちのなかでの犠牲者の問題でしかない。その人たちのなかには絶対論理というのがありうるかもしれませんが、一歩引いてみると、それはあくまでも相対的な問題でしかない。そういう意味でいえば、高橋さんの言われるように、国家がある人を追悼したり顕彰したり、美化したり、贖いの的にしたりということ自体はやはりすべきではないだろう、ちがうだろうという気がします。

西欧植民地国家の追悼

インドネシアに行くとおもしろいのは、旧植民地支配者であるオランダ人墓地とか、英連邦墓地がある。かつて支配していた国に支配していた国が墓地をつくり国家が管理している。英連邦墓地は日本にもありますが、管理が行き届いたりっぱな墓地です。東南アジアにあるこのような墓地をぼくはたくさん見ました。国によって、墓地のつくり方は違いますが、一人ひとりの墓碑銘があって、十字架が立てられたりしています。手入れの行き届いた芝生に白い十字架が映えるすごくきれいな墓地です。インドネシアのジャワ島のスマランにあるオランダ人墓地も芝生がずーっとしきつめられていて、公園よりきれいです。日本国家に比べると、旧西欧植民地主義国家のほうが「国家の犠牲者」の追悼をきちんとやっている。

日本の厚生省が戦後、遺骨収集をしながら主要な場所に慰霊碑を建てていますが、その碑ははるかに見劣りがする。死者の名前も刻まれていない。マノクワリというところに日本兵の記念碑があります。マノクワリは、インドネシア領パプアの北岸にある町です。加東大介が主演した「南の島に雪が降る」の部隊がいたところです（加東大介著、光文社（知恵の森文庫）刊の同名の本もある）。そこでは7〜8万人もの日本人兵士が、餓死や病死をしてしまいます。ほとんど犬死というかむだ死にといえます。連合国軍の攻撃もありますが多くの兵士は戦闘で死んだわけではありません。遺骨もまだたくさん残されています。このマノクワリの町はずれの小高い丘の上に慰霊碑が建てられていますす。１９６０年代に建てられたものです。

一昨年（２００８年）、そこを再訪しました。残念ながら、その慰霊碑は見事に壊されていました。銅版が真ん中に張ってあったので、金目のものだったので、盗まれたようです。落書きもしてあって、もはや崩壊寸前でした。日本政府はそのことを多分知らないのでしょう。管理がされていない。

それに比べると、英連邦墓地は現地の人を雇ってきちんと管理しています。日本はそれをほとんどやっていません。これをみると不適切な表現かもしれませんが、やはり帝国主義の差というのが出てしまっているように思います。

内海 国家と国民の関係と言ってもいいかもしれない。政府が徴兵して戦場に送り込んだ兵士（国民）に対して、どのように責任をとるのか、遺骨の問題を考えていくと、国民に対する政府の責務、責任のとり方が日本と違うとすら思えてきます。

村井 もう1つ、インドネシアの国家独立英雄墓地というのが各地にあります。なかには立派なものもありますが、大体はたいして立派な施設にはなっていない。いちばん中心のジャカルタの英雄墓地はさすがに立派ですが、地方に行けば行くほど、ほとんど機能しないぐらい粗末なものです。でもいちおう独立戦争で死んだ人は、そこに入ることができる。

いずれにしろ国家というものは、戦死した人をどんな形であれ追悼しないと、国家として成り立たなくなるということだと思います。

オランダだからってなぜ悪い

インドネシアの民族独立戦争の事情を言うと、旧植民地支配者のオランダと戦いました。日本軍が負けると、最初に連合国の一員であるイギリス軍がはいってきます。そのあとオランダが再侵略します。そこで3年半から4年ぐらい独立のために戦争をするわけです。この独立戦争を、「独立は血で贖う大切なものだ」と思って戦った人がどれくらいいるか。こういうことを言うとインドネシアの民族主義者に怒られますが、パーセンテージで言えば20～30％の人たちだけがそれを真に大切に思っているだけかもしれません。

信州でも言いましたが、「オランダだからってなぜ悪い」、「悪かったけれども、独立した今と比べて、とくに悪かったとも思わない」、あるいは「さして変わらないではないか」こう思っている人が実はたくさんいるのではないでしょうか。

戦いの主体は、ジャワ人とスマトラの人です。それにたいして、ジャワ人が嫌いな人は、インドネシア中にたくさんいるわけです。そういう人にとって、独立戦争はジャワ人の戦争だという人もいます。独立戦争の時代やその後の時代にも、ジャワ人を攻撃する戦いもあったし、イスラム教徒の一部にはイスラム国家樹立の戦いもあり、さらにはいくつかの地域では民族自決、反中央の戦いもありました。そういう人びとからすれば、われわれは民族解放闘争、国家樹立の戦いを一般的に正義と思うけれど、けっして正義ではないと考える人もいるわけです。このような相対主義の立場に立つと、国家が戦争の死者を弔うというのは、非常に限定的なものであるし、その国家の権力者にはそれをしなければならない下心（野心）がある、とわたしは思います。

もう1つ、ヨンチェさんが言った、日本は民主化の闘いで血を流していない、ということですが、一滴も流していないかどうかは別にして、そう、たいした民主化闘争はやっていないのは事実です。アメリカが入ってきて、「おまえら民主主義をやれ」、という話ですから、たしかに闘いはなかった。むしろ考えるべきことに「開発」(あるいは経済成長)の問題があると思っています。明治以降の日本資本主義というのは、「開発」の歴史と言えると思います。韓国も、パク・チョンヒ(朴正煕)やチョン・ドゥハン(全斗煥)の時代は、国家による開発の時代です。

梁七星(ヤン・チルソン)の場合

しかし開発で死んだ人は国家英雄にはされません。企業戦士などといわれますが戦死したわけではない。日本のサラリーマンが、世界各地に派遣されて、突然死んだりするけれど、こういう人は国家英雄になりません。

ヤン・チルソン(梁七星)という朝鮮人がいます。1975年にこの人を入れた3人の元日本兵が、インドネシア独立のために戦った英雄であるとして、インドネシアの英雄墓地に再埋葬されることになりました。わたしは、たまたま、その埋葬の式典に立ち会いました。なぜそういうことが実現したのかわかりませんが、おそらく、ヤン・チルソン(インドネシア名コマルディン、創氏改名による日本名梁川七星)と共に戦ったかつての戦友たちが、「ただの民衆墓地じゃかわいそうだ。英雄墓地に入れろ」と嘆願をして、それが聞き入れられたのだと思います。ヤン・チルソン以外の2人は日本人でした。ヤン・チルソンは韓国人だったのに、そして日本の大使館はそのことを知ったにもかかわらず、韓国の遺族にも、韓国政府にもまったく連絡しなかった。

内海　分骨もしてない。

村井　日本大使館からミリタリー・アタッシュ、いわゆる武官ですね、が来たんです。日本は軍隊はないけど、外国の大使館には武官がいます。対外的には日本は軍隊があることになっている。その人と車のなかで話していたら、「じつは1人は朝鮮人なんだ」と言ったので、はじめてわたしは知りました。

「韓国になんで知らせないんですか」と聞いたら「どこに知らせたらいいか判らない」って言う。何より、調べようとすらしなかったようです。それでわたしと内海さんと一緒に韓国に遺族探しに行きました。1978年です。いろんなつてをたどって探し、最後に全州にたどり着いた。

内海　探しあぐねて全州の新聞社に飛び込んで――。

村井　それで、妹さんの住んでいる家がわかりました。練炭を売っているお店でした。妹さんは、「なんで今頃――」とすごく怒っていました。ぼくらはただうなだれるしかありませんでした。政府ではないので抗議されても答えようがなかったのですが――。すでにお母さんは亡くなっていましたが、お母さんは息子が帰ってくるんじゃないかと、復員列車が全州の駅に入るたびに出迎えに行っていたそうです。「岸壁の母」ですよね、まさに。

高橋　何年ですか。

村井　1978年です。彼が、インドネシアで死んだのは、1948年か49年です。30年ぐらい何の情報もないままでした。国家としては、インドネシア政府が一方的に追悼していますが、それはそれとしても、韓国政府も日本軍の一員としてアジア各地に動員された韓国人について、解放後というより日韓条約の締結後どこまで追跡したのか。ヤン・チルソンの場合は日本軍から逃亡してインドネシア独立軍に入っているので、日本も韓国も追跡しようがなかったとは思いますが、追悼どころか遺族に何の連絡も行っていない元日本軍兵士の韓国人がいます。ヤン・チルソンのほかにも１９８０年代にも兄の消息を知りたいとの問い合わせを受けて、消息を調べたことがあります。志願兵出身のこの人は１９４５年１月、フィリッピン沖で輸送船と共に海没、死亡していました。その事実が遺族のもとに届いていなかった。30数年後にその死を知らされた遺族はどんなに日本を恨んだことか。遺族に知らせもしないのに勝手に靖国に合祀されていることを知り、その取り下げを求めていました。同じようなことがいくつもあると思います。

日本政府がほったらかしにしたヤン・チルソンを、インドネシア政府が地元で死んだかれらを追悼している。戦友が仲介したからです。インドネシアの英雄墓地に入るかどうかは別としても、人の死はその人を知っている人たちの範囲で追悼するものではないのか。日本軍から逃亡して、インドネシア独立軍な入ったヤン・チルソンのような人は、もちろん靖国には入れません。すでに述べましたがインドネシア人で日本のため（天皇陛下のため）に戦死した兵補も靖国には入っていません。

内海　村井さんは言いませんでしたが民衆墓地から遺体を掘り起こした時に、ものすごい匂いがしたと聞きましたが……。

村井　やっぱり何十年たっても、臭うんですね。

内海　その遺骨を拾いながら一緒に戦ったインドネシア人たちが泣いていたと……。

村井　ググムさんという戦友です。

内海　彼らが遺骨を掘り起こして、泣いている。インドネシア人が涙を流す、それを村井さんはずーっと見ていた。共に何かをした人たちが国境を越えてその死を悼んでおり、その光景に接した人たちも共に涙を流す、悼むということはそういうことですね。

光州もそうでしたが、ともに闘った者が倒れた、その人たちへの想い——それを国家が取り上げたとき、「英雄墓地」への埋葬と顕彰がある。インドネシアの場合、国家をひとつの形にまとめあげるときに利用される。ナショナリズムの強調です。民衆墓地にあるから悪いのではなくて、それを英雄墓地に再埋葬して「独立英雄」に変えていくプロセスで問題が生まれる。そういうことをわたしは感じています。

企業戦士の慰霊

イ・ヨンチェ　さっき企業戦士が慰霊されないと、村井さんはおっしゃったけれど、北朝鮮では立派に慰霊されています。

村井　そうなの？

イ・ヨンチェ　例えば「労働戦士」を見習おうというスローガンがあります。北朝鮮ではダムの建設や発電所を作った人々が英雄化されています。自分の身を投げてなにかに貢献したり、犠牲になった人々、つまり、国の経済発展のために働いた人々を「労力英雄」といいます。一方、抗日武装闘争や朝鮮戦争などで貢献して国の樹立に直接関わった人々は、「革命英雄」といい、ちがう格で区別されていますね。

高橋　日本の場合も、プロジェクトXとか、ありますね。企業もやっぱりあるんですね、日本の場合。

真相究明と責任者処罰

内海　韓国では、真相究明と責任者処罰という考え方が広く行きわたっており、元「慰安婦」問題でも、責任者処罰を求めていました。日本では真相究明はともかく「責任者処罰」という考えになじみがなく、当初は、戦後補償の運動のなかでもこの言葉はあまり使われなかった。

もうひとつ日本は戦後の民主化のなかで、血を流してこなかったということについてはどうですか。

村井　「黒部の太陽」というのもありましたね。

高橋　それで思い起こすのは、これは微妙なところですが、ひとつは北海道開拓で入っていった人たちを、開拓神社とか、現地の忠霊祠というかたちで、祀っている場合があるんです。

たとえば北見の郊外にそういうものがあって、見たことがあります。

そこは神社なんですが、開拓のときに入ってきて亡くなった人と戦争で亡くなった人が、一緒に英霊になって祀られているんです。

村井　そうですか。

高橋　それとね、やはり日本は神社なんですよ。もうひとつはやはり北海道なのですが、室蘭に行ったときに見ました。室蘭には、新日鉄など製鉄会社があるんですが、その神社があるんです。会社に貢献した人を祀っているんですよ。

村井　なるほど。

高橋　これはかなりりっぱな神社です。労働英雄。

国のレベルではないけれど、企業とか関係者が神社をつくって祀る。この場合であれば戦後でもありうるので、わたしが聞いた噂では、朝日新聞社の屋上に神社があって…。そういう企業って少なくないと思います。

日本だと神道、韓国だと儒教でしょうか。

日本は戦後血を流してこなかったか？

内海　さきほど日本人は血を流してこなかった、と姜萬吉（カン・マンギル）さんのご意見が紹介されていました。しかし、戦犯裁判のことを考えると少し違った視点が見えてきます。日本の侵略戦争の責任を問われた極東国際軍事裁判の被告7人と「通例の戦争犯罪」を犯して処刑されたいわゆるBC級戦犯911人をふくめて1000人近い日本軍の軍人軍属が処刑されました。この中に朝鮮人二三人と台湾人二一人が含まれていますが……。戦争に協力してきた一人一人が戦犯の死をどう考えてきたのか。処刑された人と戦争に協力してきた自分とはどこが違うのか、考えてきた人もいますが、多くの場合、戦争裁判を侵略戦争への反省の契機にできなかった、過去清算につながらなかった場合も多いと思います。A級戦犯が靖国に合祀されているのかどうか、それだけが問題なのではなく、裁かれた戦争犯罪とは何か。軍国主義を否定して戦後の平和と民主主義を作り上げていくときに1000人近くの戦犯の刑死が、ほとんど考えられてこなかった。裁かれた戦争犯罪を平和運動のなかでほとんど考えてこなかったのではないでしょうか。逆に戦争裁判に疑問を投げかけて、日本の侵略を正当化しようとした人たちが、戦争裁判にこだわり、調査研究もしています。これも不幸な構図です。戦犯とくにBC級戦犯のなかには、あの戦争に懐疑的ではあっても抵抗できずに戦争に動員された人もいます。「アジア解放」の大義の実態が「侵略」だったことに気が付いた人、連合国の裁判が何を裁こうとしていたのか理解できないまま絞首台に登った戦犯など、戦争裁判には戦争に動員された一人一人の生き様が映し出されています。

高橋　そうですね。

内海　あの戦争を遂行してきた元軍人や政治家は、サンフランシスコ平和条約が発効するとすぐ戦傷病者戦没者遺族等援護法を制定（1952年4月30日発効）し、靖国合祀へと動き始めます。戦犯をほかの戦死者と同じように取り扱う中で、戦争裁判の実質的な「無化」をはかっていきます。刑死は法務死とよびかえられます。そのときに、社会党、共産党だけでなく平和運動もまた、戦争裁判にあまり関心を払ってこなかった。戦争に協力した過去に目をつぶって、いや気にして片目は開けていたかもしれませんが、戦後日本は「平和」と「民主主義」を語ってきた……。

第2点は、裁いた連合国の問題――。韓国の巨済島の捕虜収容所に行ったときも感じましたが、戦争犯罪を裁いた連合国が、その後、朝鮮戦争やベトナム戦争で何をしたのか。戦争裁判ではよく知られているように、連合国の「戦争犯罪」はとりあげていません。

責任者処罰

高橋　戦犯の責任者処罰についていうと、戦後直後に、あれは共産党の主導だったでしょうか、戦犯追及大会というのがあって、あれが裁きに至ったかもしれない、ひとつの可能性だったと思いますが、結局うまくいかなかったんですね。

内海　「国民としての戦争犯罪人と戦時利得者の処罰方法」を、布施辰治が提案していますが（『毎日新聞』一九四五年十二月十日）、それも「論」だけで終わっている。高橋さんの言われた戦犯追及人民大会は1945年12月8日に東京の神田共立講堂で開かれています。大会では一六〇〇人の戦犯リストを発表しそれをGHQに提出している。

高橋　そうでしたね。

内海　占領当初は、占領軍を解放軍と規定していますね。なお、GHQは日本による自主裁判を禁止しています。

高橋　本来であれば、むしろ、主権を回復してからですね。ドイツはそうです。ドイツでは占領下でニュルンベルク軍事裁判、占領4カ国の各占領地域での軍事裁判がありましたけれど、主権を回復してから連邦共和国の司法に引き継がれるんですね。50年代にはあまり真面目にやらなかったので各国から批判されて、国内法の時効が来たときに、イスラエルとか、ポーランド、フランス、世界のユダヤ人から厳しく批判されて、それで時効を延長して、最終的に時効を撤廃してしまいます。

内海　ドイツは戦争犯罪を絶対に許さないという世界のユダヤ人の強い意思のもとで60年代以降も動いていく。日本の場合、朝鮮半島の分断と戦争、中国でも国共内戦があり1949年に中華人民共和国が建国されましたが、台湾に逃げた蔣介石は中華民国を建国し大陸反攻を叫んでいた。東南アジアではインドネシアでもベトナムでも民族独立闘争にそれこそ血を流していた。新たな国家の樹立に向けて動いているアジアでは、日本の戦争犯罪を裁くことは時間的にも物理的にも無理でした。フィリピンは事情が違いますが――。変わって「大東亜共栄圏」における日本の戦争犯罪を追求したのはイギリス、オランダなど再侵略してきたかつての支配者宗主国です。ここで問題がねじれていく。再侵略し戦争前の帝国主義の世界秩序にもどそうとする欧米の宗主国が、日本の戦争犯罪を裁いた――これが問題です。

イ・ヨンチェ　東アジアでは、反共と親日派たちによってうまく連携構造がつくられてしまったんですね。

村井　冷戦構造の中で――。

イ・ヨンチェ　その冷戦構造のなかで、日本の戦犯問題や戦争責任問題が、語られなくなってしまった。

高橋　原理的には、日本の市民ができなかったということですけれど。

内海　日本の場合、市民が戦争指導者の責任を裁くことをどこまで考えていたのかですね。政治も司法もマスコミも、戦争に協力してきた人たちの多くが戦後もそのまま居すわっている中で、戦争責任を追及し、指導してきた人たちを裁くことは難しい。教師もそのまま授業を続けていました。私は1948年に小学校に入学しました戦後民主主義教育の申し子のような年代ですが、先生は戦前に教えていた人です。

それに、戦争犯罪とは何か、BC級戦争裁判の検証も資料の制約もあって近年まで進まなかった。空襲や被爆については研究も調査も行われていますが、侵略戦争の責任、アジアで日本軍が何をしたのか、いわゆる加害の視点は1960年代ぐらいまで弱かった。

イ・ヨンチェ　60年安保闘争、全共闘運動70年安保、冷戦終結後の戦後補償運動も、別の意味では日本の過去を見直す民主化運動の一環であったと思いますが。これは逆説かもしれませんが、戦後アジアの各国では親米・親日政権が樹立されたから、日本に対する植民地清算の要求がそんなに激しくならなかったのかもしれません。でもその過去清算を日本側が自らやってこなかったからこそ、アジアの国々が民主化の時代を迎えてから、逆に日本に過去清算の声をあげることになっていると思います。

高橋　反面教師っていう…。

イ・ヨンチェ　でもそういうほど、アジア各国の過去清算が完璧だったとは言い切れないと思います。だから日本の過去清算がもっと活発にならないと、アジアの過去清算も中途半端で終わってしまうかもしれないと危惧しています。たとえば、韓国ではイ・ミョンバク政権に替わると親日派勢力の復活により、日本との過去清算問題はあいまいにされていきます。そういう面では一国だけでの過去清算の努力では不十分な気がします。

内海　東アジアだけでなく東南アジアを入れて──。

靖国問題との出会い

イ・ヨンチェ　実はわたしは、日本にきてはじめて靖国問題と出会ったんです。韓国ではたまに聞いていたA級戦犯の問題だと思い込んでいて。98年に日本に来たんですが、首相が戦犯がいる靖国に参拝するという側面だけに捉われていました。大学で政治外交を専攻していたにもかかわらず、その実態がよくわからなかったのだと思います。個人的には、靖国問題に興味があったので、日本に来てすぐ行ってはみましたが、その仕組みがなにかということは表だけではよくわからなかったんです。ただ当時は古い建物の「遊就館」の中身をみて、靖国は戦争を美化する施設だというイメージはありました。２００６年に、小泉首相が8月15日に靖国参拝を宣言したとき、ソ・スンさんから突然電話が来て、「事務局がいないので手伝って」といわれたんですが、「こういう問題は日本人が自らやるべきです」といったら、「この問題は日本人はやらないんだ」と……。

当時、小泉首相の靖国参拝に反発して、韓国や台湾から、遺族などを含めた約２００名の抗議団が来日する予定でした。その受け皿として日本の団体や人々がもっと積極的に参加すべきでしたが、事務局などには韓国の若者のほうが多かったんです。5年以上経っていますが、そういうときだけ、靖国の存在が日本社会のなかで話題になります。

韓国社会でも、靖国問題は今だに日本の侵略神社に首相が参拝する問題や、せいぜい朝鮮人の合祀取消の問題として取り上げられているのが現状でもあります。靖国問題は、日本の国内問題として認識している人々が多いと思いますが、わたしは靖国反対キャンドル行動に関わってから、東アジアの国家主義と追悼の問題として考えるようになりました。靖国と光州という異質のものを、いまの段階でくっつけて考えていいのかと悩みながらも、光州民主化運動30年を迎えている韓国社会の現状をみながら、光州のなかから靖国のある側面を感じていたというのが正直な気持ちでした。それは多分靖国と光州の問題に両方関わっていたので見えたかもしれませんが。

そういう意味では、高橋先生が先日の光州シンポジウムで袋叩きになるか地雷を踏むか（笑い）、という危険を冒して（笑い）、光州の革命の「聖地」の心臓部で積極的に発言してくださったので、さらにその類似性や危険性の問題意識をもつことができたと思います。

南北の統一について

韓国の民主化運動には、強い国家主義とナショナリズムの影響があったのは否定できないと思います。それは抵抗のナショナリズムでもあったと思いますが、民主化後の強い国家主義とナショナリズムは、そのような記憶と経験を美化し、韓国だけの特産物としてつくっている側面も見られます。光州を知るというのが、民主化の輸出の問題ではなくて、アジアにおける国家主義や国家暴力がどういうものだったのか、民衆は国家暴力に対してどういう生き方をしていたのか、という問題を考える切り口になる問題だと思います。だから、光州の闘いが立派な国立墓地建設で終わってはいけないですし。

靖国の解体も難しいけれど、国立墓地の解体も難しい。でもそれをやらない限り、韓国の民主化運動も一国主義でナショナリズムに陥ってしまう気がします。韓国の民主化運動にもいろいろ限界がありますが、アジア各国の民主化運動もおなじ問題を抱えています。そのなかで、光州の民主化運動は別の意味でのアジア民主化運動の究極の勝利のひとつの見本として、つくっていく必要があるかもしれません。

亡くなった人をそのままにしてほしい

高橋　望月でも言いましたが、このあいだ、カトリックの森一弘さん、仏教の菱木政晴さんと鼎談をしたんですが、そのときの結論が「ほっといてくれ」だったんです。

ヨンチェさんが言われたような、集団や共同体が国家となると、だいたいわれわれみな警戒するわけですけれど、国家にいかなくても集団や共同体になったときに、それをどう考えるか、という問題は残っていますね。多くの人が、それを求めてしまうのはなぜか。求め方が韓国と日本では違うし。だから、最終的には、「ほっといてください」ということになるのか…。

内海　共同体でやっても、そこから排除されるということもある。

村井　村でやっても、村八分ということもある。

イ・ヨンチェ　聞きたかったのは、戦前には死になさいと、「死ぬ」のが、時代精神だったでしょ。降伏して敵につかまるのは、それ自体が恥だったでしょ。

村井　「生きて虜囚の辱めをうけず」という「戦陣訓」が軍隊だけでなく、銃後でも強調されていた。沖縄の集団自決につながる問題です。

イ・ヨンチェ　でも1945年8月以降になると、戦後は、死んではいけない、ということが日本では絶対的な価値観のように見られます。韓国で血を流して闘っている様子と、焼身自殺闘争の経験を述べると、多くの日本人から、「死」を手段にしていることへの反発からか、生命を軽く扱っていることへ批判からか、いろいろ言われたりします。たしかに、何があっても死なないことが絶対価値観かもしれないですね。でもそれほど死んではいけないということを大切に考えるなら、日本社会は「命」の大事さを共有していく社会になるはずだし、それは死刑制度にたいする反対ももっと高くなっていいはずなんですが、現実はその反対です。日本社会の「死に対する受け止めかた」は、韓国とは違う気もするし、どういうかたちで存在しているんだろうと……。

高橋　それはおっしゃるとおりで、重要な問題です。わたしは「犠牲」というテーマに取り組んでいるつもりですが、戦後日本の「戦争はやらない、平和主義でいきましょう、人を殺してはいけません、国家には警戒しましょう」という、リベラル派側の共通の空気があったと思います。そういう中で、反靖国の問題意識も生じてきた。ですが、その中で、死というものの可能性と不可能性についてどこまで考えてきたか。「死んではいけない」ということを、どこまで深く考えてきたかは別問題です。よく言われるのは、戦後ドイツと日本のちがいですが、いまは韓国と日本のちがいという非常におもしろい視点だと思います。

戦後ドイツでは、ホロコースト、ショアー、ユダヤ人大虐殺が最大の罪だとされたから、「2度とユダヤ人差別、人種差別をしてはいけない」と。だから、旧ユーゴで民族浄化のような問題が起きてきたときには、むしろ武力をもって止めなくてはいけない、と。「2度と再び戦争を繰り返さない」ではなくて、「2度とアウシュビッツを繰り返さない」というのが、スローガンになった。コソボ紛争のときに民族浄化が起きている、だからドイツ軍もNATO軍で参戦する、と決断したわけですね。

それにたいして日本の場合は、「2度と戦争はしない」が憲法に入った。それがすくなくとも、建て前上の文化になった。では、民族浄化が行われているときに、座してなにもしないでいいのか。

「わたしは平和主義者です。だから手をだしません」と、何百万人ものユダヤ人が殺されているとき、手をこまねいていていいのか。自分は安全でいられるかもしれないけれど、犠牲はどんどん増えていく。この問題は解決されていないと思いますね。軍事的介入というのは一つの単純化した考え方ですが…。

「自己犠牲」について

そんなふうには、軍事介入を肯定する側には単純にいかないんだけれども、問題は、ドイツも日本も他国の軍事力によって倒されたということです。日本の場合、敗戦の結果、「もう戦争はうんざりです、平和がいいです」となって、すっ飛ばされちゃった問題が、残っていると思うんですね。その1つが犠牲の問題で、ヨンチェさんがこだわっている、ソ・スンさんが体現している、そういう問題です。自己犠牲という問題、運動の中での自死という問題、これは決着しているわけではない。さきほども言ったように、ぼく自身、問いとして抱えている状態なんです。

これはもっと議論されるべきです。BC級戦犯の死もそうですね。考えないで済ましてきた問題だと思います。

極端な話、あるところで大逆事件をテーマに議論したとき、ヨンチェさんが最初に触れた、安重根の話をしました。どういうことかというと、大逆事件はでっち上げだったと、国家権力のフレームアップで無実の罪で処刑されたり、有罪判決が出たりした、これはけしからん、だから名誉回復だというところまでは、やってきている。しかし、それでは、大逆罪ということ自体をどう考えるか。実際にやってしまった人はどうなるのだ、と。やってしまった人はいるんですよ。

内海　難波大介。

高橋　そう。朝鮮人では、イ・ボンチャン。天皇制に反対する人が実行したことはでっち上げではないわけですから、これをどう評価するのか、意味づけるのかという問題は残っているんです。それは安重根の問題につながるので、日本人がどう評価するのか、という問題がありますね。

伊藤博文の死をどう考えるのか。安重根はカトリックで東アジアの平和を望んでいた人ですね。彼の思想をどう考えるのか。彼は、自分がそのために処刑されるかもしれない、だけどその死を覚悟して行為に及んだわけですね。これも平和のための犠牲、ある意味では。

光州のときに基調講演をされた、ハム・セウン（咸世雄）神父の話しのなかに、朴正煕を殺した金ジェギュの評価の問題が出てきて、評価すべきだという議論でしたね。

さらに、ボンヘッファーにも言及されていました。絶対平和主義者です。この人がヒットラーの暗殺計画に加担して処刑されています。この意味をどう考えるか、ぼくのなかで大きな問題です。

絶対平和主義者だったら、ヒットラーでさえ死刑にしてはいけない。死んじゃいけない、殺しちゃいけない。そういう平和主義を鍛え直すためには、考えなきゃいけない問題ですね。

内海　絶対平和主義者が暗殺に加担し、処刑されたように、「平和」は多様な側面と位相を持っている。平板にとらえるのではなく、その社会の中で「平和」の議論を位置付けていく必要がありますね。治安維持法が猛威を振るい、軍国主義の中で窒息しそうだった人びとにとって、敗戦そして占領と共に訪れたが「平和」と「民主主義」を解放感とともに迎えたことは当然かもしれません。しかし、冷戦の中でその「平和」や「民主主義」が変わり始めた。「逆コース」という言葉も生まれました。「過去清算」なき平和の脆弱さが露呈されました。しかし、被害者意識からの出発であれ戦争に対する強い拒絶反応が戦後日本の平和運動の軸に座っていることは確かです。それがそれぞれの時代に多様な形となって表現され、アジアへの加害責任、戦後補償運動となっていったと思います。過去清算が不十分だったからこそ日本の市民運動はしつこく、繰り返し戦争責任を問いつづけてきました。「血を流していない」が「汗は流し続けてきた」。時には

「脂汗だったり――」。

「靖国」という国家による顕彰がある一方で、侵略戦争として認識から戦後の教育の中で、私たちは兵士たちの戦争体験、戦場体験に批判的な眼差しを向けてきた。しかし、多くの兵士達が鬼籍には入る中で、兵士一人一人の苦渋の体験を受けとめてこなかったことに気付きました。フィリッピンで自ら捕虜になった不戦兵士の会の小島清文さんたちと「戦争体験を記録する会」を作ったのもそうした反省からでした。同じ戦場でも30センチ、1メートル離れていれば体験はちがう。その小島さんの言葉から、一人一人の兵士が戦場で何を見、何を考えてきたのかを記録しようと思いました。兵士がどのような戦場で戦い、死んでいったのか。戦場の実相を具体的に記録していくこと、それが「無念の死」を死んでいった兵士たちを記憶し、その死の意味づけも可能にすることだと思ったからです。高橋さんのいう「犠牲の死」を問うことにつながる作業だと思います。

兵士たちの戦争を描いた記録や文学は数多くありますが、310万人の死はまだまだ、描き切れていない。大岡昇平の『レイテ戦記』は無念の死を「死んだ兵士たち」に捧げられたものでした。克明な戦場の記録と戦争の記述は、「永遠に慰められることのない兵士たち」の死をとおして、日本軍の無責任な体質を浮き彫りにしています。日本の軍隊の組織的、構造的な欠陥を描いていきます。侵略の軍隊の兵士たちの無惨な死にざまを冷静に描くことで戦争の無意味さを語った作品です。これからも、兵士たちの残された記録から「犠牲の死」を考え、その意味を問い続けていきたいと思います。

資料

資料1

2010年特別シンポジウム「抵抗と平和」への参加呼びかけ

全南大学校民主・人権・平和センター主催・日本平和学会共催
光州民衆抗争30周年

日本平和学会「2010年特別シンポジウム」実行委員会

2010年は、韓国の光州民衆抗争（光州事件）30周年を迎える年です。1979年10月、朴正熙大統領は中央情報部長により暗殺され、19年にわたる軍事政権が崩壊し、民主化への熱望が1980年の「ソウルの春」として噴出します。しかし当時、全斗煥将軍が率いる新軍部はクーデターによって政権を掌握し、民主化運動に対する全面弾圧に乗り出しました。韓国南西部の全羅南道・光州市では、1980年5月18日―27日の10日間にわたって民主化を求める市民、学生、労働者たちと戒厳軍との壮絶な闘いが繰り広げられ、数百名の市民が虐殺される「光州民衆抗争」が発生しました（03年基準、死亡及び負傷登録者3586名）。その様子は当時、日本をはじめ海外に広く伝えられ、韓国民衆の闘いへの世界的な連帯が形成されました。

「光州虐殺」の記憶を抹殺しようとした軍事政権に対して、生き残った人々は「真相究明、謝罪、責任者処罰、補償」を訴えながら、80年代の韓国民主化運動を展開しました。韓国政府は、95年に特別法を制定し、アジアでは初めて前職2大統領を国家暴力の責任者として訴追し、有罪を宣告しました。また被害者への名誉回復・補償を実施し、当時の軍事法廷や軍収容所（当時の拘束及び連行者1394名の収容施設）などを保存・公開して、歴史として記憶しています。

日本の植民地支配からの解放後、冷戦最前線となった朝鮮半島では、民族の分断と米軍の支配、独裁政権・国家保安法体制の下で、1948年の「済州4・3事件」から、朝鮮戦争をへて1980年の「光州虐殺」まで、米軍と韓国軍・警察・右翼団体などによる大量の「民間人虐殺」が行われ、その犠牲者は100万人にのぼるとも言われています。ところが、その背景には、アジア・太平洋戦争、朝鮮の植民地支配以後も、朝鮮戦争への参加（旧日本軍らによる偵察、掃海、輸送、補給などの支援）・軍事基地提供、日米の韓国独裁政権庇護など、日本の影がつきまとっています。

2010年、日本の朝鮮併合100年、4・19学生革命50年、光州民衆抗争30周年の節目を迎えるにあたり、全南大学校5・18研究所が光州市で特別シンポジウムを開催するに際して、日本平和学会では特別に実行委員会を設立し、このシンポジウムの企画・実現のために積極的に参画することにいたしました。これは、日本平和学会としては、2007年に済州島で秋季研究集会として開催した日韓共同シンポジウムに続く日韓共同企画ともいえます。

光州民衆抗争は、朝鮮の分断、朝鮮戦争以来の抑圧者と被抑圧民衆の一大決戦であり、光州民衆の血であがなった光州の究極的勝利は、朝鮮現代史と東アジア現代史の再評価と、闇にほうむり去られたアジア民衆の闘いの復権への突破口を開くものでした。光州民衆抗争は30年前に終わった事件ではなく、いまだに続くアジア諸国の権威主義体制と軍事同盟体制を克服し、東アジアで平和・人権を実現するための重大な契機です。また、光州民衆抗争によって、多くの日本人は韓国民主化運動と「闘う主体」としての「民衆」の存在を発見し、歴史において始めて、広範な日韓市民連帯運動が形成されます。

今回のシンポジウムでは、光州民衆抗争が日本にいかなる影響を及ぼしたのか、日本の市民たちは光州にどのように応答したのか、そこで形成された日韓連帯はその後、どのように発展したのか、その反面、中曽根政権をはじめとする日本政府の対韓政策は韓国独裁政権をどのように支えたのか、などを論点としたいと考えます。

今回の光州シンポのテーマ「抵抗と平和」は、光州民衆の抵抗を東アジア全体のものにし、光州に結集した力を朝鮮半島の平和と統一へと発展させ、軍事主義と軍事同盟を超えて21世紀の「東アジア不戦・平和共同体」実現させようと全力を尽くしている方々への呼びかけでもあります。

多数の方々の光州シンポジウムへのご参加、ご支援を心からお願いいたします。

２０１０年１月30日

日本平和学会「２０１０年特別シンポジウム」実行委員会

〈シンポジウム・プログラム〉

■テーマ：**光州民衆抗争30周年、特別シンポジウム「抵抗と平和」**

■主催：全南大学校5・18研究所

■共催：日本平和学会

■協力：聖公会大学校民主主義研究所、韓国ジェノサイド学会、立命館大学コリア研究センター、早稲田大学アジア平和研究所、恵泉女学園大学平和文化研究所

■日時：2010年４月30日㈯～２日㈰＊全日程参加は29日の到着の４泊５日

■場所：韓国・全南大学校（光州市）

■　タイムテーブル（以下敬称略）。

日程	時間	行事内容
４／29㈭	—19：00	日本側参加者ホテルへ到着、個人で食事
	19：30—	演劇「青糸紅糸」観覧（小劇場「タンポポ」）
４／30㈮	10：00—12：00 ［ヨンボンホール］	〈開会式〉司会：ミン・ビョンロ（全南大ロースクール） 歓 迎 の 辞：全南大学総長 挨拶の言葉：内海愛子・平和学会実行委員長、朴マンギュ・5・18研究所所長　徐勝（立命館大学教授） 基 調 講 演：ハム・セウン（咸世雄）神父（民主化記念事業会理事長）
	12：00～14：00 ［第一交流会］	昼食をとりながら分科交流会 ①平和研究 ②ジェノサイト ③東アジアの軍縮・平和 ④東アジアと環境問題 ⑤日韓文化交流 ⑥移住民の人権
	14：00～16：00	部会Ⅰ「国家暴力の犠牲者と追悼のあり方」 司会＝内海愛子（早稲田大学） 部会企画趣旨：死者の祀りを国家権力ではなく、民衆の手に。 ①辻子実（ＮＣＣ） ②高橋哲哉（東京大学） ③チョン・ホギ（民主化運動記念財団） ④朴チャンシク（済州大平和研究所） 討論
	16：00～18：00	部会Ⅱ「抵抗と民衆文化の表現」 司会＝ホン・ソンダム（洪成潭）（民衆美術家） 部会企画趣旨：平和を創造する抵抗の文化とは何か？ ①古川美佳（韓国美術理論）・富山妙子（画家） ②黒川創（作家） ③林哲宇（韓信大、小説家） ④ユン・ボンモ（キョンウォン大学校・美術理論） 討論
	19：00～	レセプション 全南大総長主催、国楽公演

5／1(土)	10：00〜12：00	部会Ⅲ「光州民衆抗争と日本」 司会＝徐勝 部会企画趣旨：光州民衆抗争が日本の社会と運動に与えた影響をふりかえる。 ①武藤一羊（ピープルズ・プラン研究所） ②尹健次（神奈川大学） ③キム・ギョンナム（キリスト教社会問題研究所所長） ④ミン・ヒョンジョン（全南大） 討論
	12：00〜14：00 [第二交流会]	昼食をとりながら分科交流会 ①平和研究 ②ジェノサイト ③東アジアの軍縮・平和 ④東アジアと環境問題 ⑤日韓文化交流 ⑥移住民の人権
	14：30〜16：30	部会Ⅳ「東北アジア国際政治の中の光州民衆抗争」 司会＝佐々木寛（新潟国際情報大学） 部会企画趣旨：現代の世界政治の中における「光州」の意味を考える。 ①李鍾元（立教大学） ② John Price（カナダ・ヴィクトリア大学） ③ユン・ヨンドク（全南大学校） ④金杭（高麗大学校）
	17：00〜	ホン・ソンダム（洪成潭）「光州抗争30周年特別展示会」およびレセプション 場所：光州市立美術館第２別館 内容： ①洪成潭展観覧 ②洪成潭によるギャラリートーク（絵の説明と展覧会に寄せるスピーチ） ③会食および懇親会 韓国の伝統的蒸し豚、キムチ、白キムチ、餅、マッコリなど ④韓国の茶礼（茶道）実演 ⑤サムルノリ（農楽）と舞踊公演
5／2(日)		光州民主化運動遺跡地フィールドスタディ 午前：光州学生運動記念塔、錦南路・全南道庁、５・18自由公園、軍事法廷・収容所 午後：望月洞墓地、５・18国立墓地など。

※５月２日のフィールドスタディが終了した時点で行事は終了。現地解散。
本プログラムでは一部変更があった。

資料2

抵抗と平和、その調和

咸世雄（ハム・セウン）（民主化運動記念事業会理事長）

「わたしが来たのは地上に平和をもたらすためだ、と思ってはならない。平和ではなく、剣をもたらすために来たのだ。」（マタイによる福音書　10章34節）
「あなたがたは、わたしが地上に平和をもたらすために来たと思うのか。そうではない。言っておくが、むしろ分裂だ。」（ルカによる福音書　12章51節）

平和のための２０１０年の誓い

1・本日、わたしたちは5・18光州民衆抗争30周年を記念し、ここ全南大学で正義と平和を愛する多くの方々とともに、「抵抗と平和」をテーマに特別シンポジウムを開催しています。とくに志ある日本の良心的知識人、あらゆる逆境の中で苦難と闘っているわが在日同胞、同志たちがこのシンポジウムをいっしょに主催しているのですから、この集まり自体が平和の里程標だと考えます。30年前、苦難の光州はこうして復活し、わたしたちの前に平和の道しるべとしてそびえ立っています。

抵抗と平和は、美しい不協和音のような一対です。不協和音は逆説の境地であり、音楽と芸術の極致です。そうです。平和は芸術です。平和は数多くの失敗と挫折を超え、絶え間ない反復と努力を通じて達成される、美しい果実です。芸術も血の涙が出るような自分との闘いを前提としています。

平和のための不断の闘いとは、すなわち不正義に対する抵抗です。その抵抗は、およそ平和を志向しなくてはなりません。したがって、平和の実現と抵抗の過程は、不可分の関係にあります。これは「十字架による復活」というキリスト教の原理とも相通じるものです。平和とはけっして、ただで得られる結果ではありません。それは血の涙をともなう努力、いや、命を賭けた抵抗、不正義との対決によってのみ確認され、勝ち取られる美しい結実なのです。

2010年という今年の記憶が、あらためてこのことを確認してくれます。今年はあたかも5・18光州抗争30周年であるとともに

3・26安重根義士殉国100周年、
2・28大邱学生義挙と3・15馬山義挙、そして4・19民主革命50周年、
6・15南北共同宣言10周年、
6・25朝鮮戦争の悲劇60周年、
8・29庚戌国恥〔日韓併合条約公布〕100周年、
11・13青年労働者・全泰壱の抗議の焼身40周年などを迎える年です。

安重根義士はまさに日本の不正義な侵略に立ち向かい、身をもって抵抗し、不正義な裁判によって殺された方です。安重根義士はまさに抵抗と平和の見本であって、5・18光州抗争の先駆です。

2・28大邱学生義挙、3・15馬山義挙、4・19民主革命などの関連したこられの事件は、いずれも不正義な政権に対する市民・学生・青年による平和のための抵抗の動きでした。

今年はまた、金載圭中央情報部長ら6人が1980年5月24日に命を失ってから30周年にもあたります。釜山・馬山抗争の現場を目撃した金部長は、共同体の利益のために平和的方法を提案しましたが、朴正熙大統領は車智澈警護室長の弾圧政策を選択し、平和的提案を拒否しました。これに対して金部長は独裁者を退けて、国民に民主主義のプレゼント、すなわち平和の道を開いてくれました。1909年10月26日、安重根義士がハルビンで伊藤博文を射殺してからちょうど満70年になる1979年10月26日、金載圭部長は維新体制の中核を取り除きました。満70年という数字的象徴とともに、抵抗を通じた平和志向という共通点が連なっています。

6・15南北共同宣言は分断・冷戦守旧勢力に対抗した、平和のための果敢な選択と決断でもあります。朝鮮戦争の悲劇で、我々は骨身に染みる省察をしました。神の前に大きな歴史的罪を犯したことを告白し、神と先烈たちの前に悔い改めます。誤った過去を認め、それを正し、悔い改めることが、すなわち平和と一致の道であります。

また、100年前にわたしたちは8・29庚戌国恥によって日本に国を奪われました。大院君、高宗、純宗、李完用、宋秉畯らを含め、我々すべてが歴史と民族の前に心臓を引き裂く思いで悔い改めます。平和のためにしっかり抵抗できなかった祖先たちとともに、恥を忍んで贖罪の祈りを捧げます。

そして11・13の青年労働者・全泰壱の焼身自殺による抗議から40周年を迎える今年、我々は劣悪な労働条件改善のために身を投じた全泰壱青年を記憶し、今日の韓国労働界の浄化のために、ともに祈ります。労働組合幹部がもうひとつの既得権勢力へと変質しつつある今日の労働界が、全泰壱青年のその純粋さと情熱を反芻し、初心を持って生まれ変わることを望みます。

このような「抵抗と平和」のテーマは、まさに歴史と時代の前でわたしたち全員に省察と贖罪を命じています。不正義に抵抗し、平和を勝ち取るため、犠牲になり、命を捧げたすべての先烈たち、とくに名もなき同志たちを記憶し、最善を尽くせなかった恥辱を告白し、小さな実践であっても誓おうと思います。

望月洞の旧墓地と5・18国立墓地—その緊張関係

2・わたしは教会の信者たちとともに光州の現場を体験するために、80年代後半のある日、望月洞の旧墓地を参拝したことがあります。ミサを捧げながら、わたしたちは罪もない子どもたちの殉教（マタイ2章16節以下）と関連づけて、光州の犠牲者たちを心に浮かべました。光州の惨状について表面的にしか知らなかった信者のうちの何人かが、ミサの後でわたしにこう言いました。「神父さま、話でしか知らなかった望月洞の現場に来てみると、心がじんと熱くなります。このまま埋もれさせていい事件ではありませんね。誰かが必ず責任を取らなくてはなりません。亡くなった方々の声がはっきりと聞こえるようです」。素朴な一市民の新鮮な告白であり、告発でした。わたしはそうした方々を通じて、望月洞墓地の神秘の力をあらためて確認しました。望月洞の現場が、眠っていた信仰人の歴史意識を目覚めさせてくれたからです。この覚醒はまさに不正義に対する拒否と抵抗、そして平和への情熱でもあります。

その後、90年代に5・18国立墓地がつくられました。わたしは5・18国立墓地をはじめて見た瞬間、「これは違う」という思いとともに、何かほろ苦いものを感じました。それはローマ時代に300年余り迫害を受けながら地下に隠れてきたキリスト教が313年にコンスタンティヌス帝の信仰自由宣言〔ミラノ勅令〕で一夜にして華麗な権力の教会、皇帝の庇護を受ける帝国教会へと変質したといういわゆる「衰退理論」を連想したからです。迫害時代の純粋さを失った帝国教会は、かえって福音の本質を失うことになったという指摘です。

形式と器はもちろん大事ですが、その前に形式と器のなかに盛り込まれた内容が核心です。ところがその日、わたしはなぜか、もしや核心を失ったまま、外形ばかりが巨大な空間だけを確保したのではないかという思いを抱きました。いまだに真相究明もまともにできていない失策のためです。

それでも国立墓地のすぐ横に、いまも望月洞旧墓地が厳存しているのは、実に幸いなことだと思いました。望月洞旧墓地は荘厳な5・18国立墓地の母体であり、原型です。もし5・18光州が色あせ、国立墓地の本来的意味が失われたなら、望月洞旧墓地は告発者と抵抗の主体となり、我々ひとりひとりの上に振り下ろされる鞭でもあると思いました。ともかく、わたしはいま、望月洞旧墓地を抵抗の象徴として、そして5・18国立墓地を平和の象徴として解釈しながら、自分なりに統合しようと試みています。

事実、望月洞旧墓地だけがあって国立墓地がつくられていなかったら、それは暗澹たる状況であり、逆に国立墓地だけが厳かに存在し、望月洞旧墓地がなかったら、これもまた中身のないうわべだけのものになるだろうからです。これがまさに十字架と復活の原理です。復活のない十字架は悲惨な苦痛にすぎず、十字架のない復活は空虚な安逸に過ぎないからです。

十字架と復活が一対であるように、抵抗と平和は一対であり、望月洞旧墓地と5・18国立墓地も一対です。抗争30年の光州が、まさに古いものと新しいものの調和をなす平和の街として屹立することを願います。

正義と平等に基づく平和

3・平和という漢字表記がその核心を教えてくれます。平和は公平の「平」と相和する「和」の字からなり、和は「禾（いね）」と「口」の合成語です。したがって平和とは、稲が公平に口に入るときに可能となるという意味で、食べ物を平等に分けるときにのみ平和が達成されるという教訓です。これは今日、わたしたちが言うところの分配正義です。資本主義社会では個人の私有財産を法的に保障していますが、共同善の観点からいうと、私有権はときに譲歩すべき副次的権利です。私有権も当然に制限すべき原理です。平和はこのように分配正義を命じています。分配が正義でないとき、争い、葛藤、不和が生まれることになります。これは宗教の集まりでも同様です。使徒教会共同体の形成過程でわたしたちはこれを確認することができます（使徒列伝6章1節以下）。

実際、平和とは個人または集団と共同体が安心して暮らせる平穏な状態を意味します。平和は何よりも生存と直結しています。このことは動物界で容易に確かめることができます。腹が膨れれば、暴虐な獣も他の弱い獣を捕って食うことはありません。エーリッヒ・フロムは、これを存在と所有という観点から説明しました。所有的に接近すれば、必然的に不和と葛藤が生まれ、存在論的に接近すれば、平和と人格完成、美しい共同体が実現するというのです。

これは結局、あらゆる宗教で強調される修徳の関係と一致します。その修徳の最初の段階は克己です。つまり自分との闘い、利己心の克服、譲歩が徳行の起源であり、根本、そして出発点です。自分との闘いである克己とは、すなわち自己抵抗です。本能の統制、より大きな価値のために下位価値は譲歩し、殺さねばなりません。ここでわたしたちは人間が持つ三つの段階、三次元の関係を考えることができます。人は本能的次元、道徳的次元、そして宗教的次元の生を営んでいます。宗教修徳の論理からいうと、本能は道徳の規制を受けることになります。いくら本能の要求があっても、倫理道徳の厳しい基準は本能を統制するものです。克己と修練がそれです。いうならば本能に対する対抗と規制こそが、倫理道徳的平和を保障するのです。倫理道徳的な生の範疇には、政治の領域が含まれます。実は、政治共同体は共同善とともに倫理道徳に基づくべきものです。道徳を逸脱した政治権力は、必然的に腐敗するからです。

事実、光州の悲劇は、この共同善の原理と道徳的要求を無視した軍部集団の罪と欲望に起因するものでした。それは、暴力と不正義、道徳に基づかない政権は、ついには歴史の審判を受けることになることを知らしめてくれます。道徳的価値は、つねに宗教的価値を志向するものです。なぜなら、人倫が天倫だからです。

不義と不平等、処罰と疎外の打破

4・「平和を望むなら正義を実践せよ！」、「平和を望むなら平等を実践せよ！」という社会的宣言に見るように、不義と差別が存在するかぎり平和は絶対に不可能です。これについて、1968年の第2回ラテンアメリカ司教会議は、その最終決議である『メデリン文献』（1989、ブンド出版社刊）を通じて、財物の公正な分配、国家公権力の正当な執行、そして国際社会の平等な紐帯関係に言及しています。『メデリン文献』は、聖書の万民平等思想と人間の尊厳と解放の原理に基づいています。

第1には、財物の公正な分配は、経済社会的側面から人間はいかなる場合であれ、正当な賃金と努力の代価を受け取るべきだという労働原理に基づいています。個人間の正義、交換正義はあまりにも当然な思想的原理です。この原理が損なわれるとき、個人的・社会的葛藤が生じます。葛藤の解消のため、わたしたちは対話、調停、または提訴などの過程を経ながら、最終的には法または行政の審判を受けることになります。しかし、個人または集団の利己心と法の判断のあいだには、つねに緊張があります。したがって、『メデリン文献』は葛藤の根本原因である疎外と差別を打破すべきだと力説しています。もちろん非常に難しいことです。ですから、一時的な処方よりも、わたしたちはつねに根源的処方をもって接近しなくてはなりません。

第2には、公権力の正当な行使です。あらゆる権力は国民に由来するという憲法第1条が、まさに公権力の基礎です。ところが、もしこの公権力が武力と強奪によって形成されたとしたら、それはすでにその根源から無効です。これが憲法と自然法の精神です。平和を志向しつつ論じているこの「抵抗」の原理は、まさに人間の常識、自然法、そして実定法に基づいています。およそ法とは、共同善を通じてのみ正当化されるからです。共同善とは、個人と家庭、そして集団が、より容易に、完全に自己完成に到達できる社会的条件の総体です(司牧憲章74)。政治共同体、つまり公権力は共同善のために存在しており、共同善のなかで正当化され、共同善のなかで存在理由と固有の権利を持ちます。およそ法とは、人間が主体であり、過程であり、目的でなくてはなりません。もし、この法の基本精神に反して政治共同体が公権力を行使すれば、それは不法であり、不正義です。このとき、国民は共同善と人間の名において、「ノー」と言うことになります。これが抵抗の原理です。

第3には、正しい国際関係の確立です。とくに解放神学は国家間の関係、つまりその歴史的関係と背景に対して、正義と平和の観点から新たな考察を加えています。ヨーロッパの歴史は、小国に対する侵略の歴史です。事実、キリスト教の宣教はそれなりに肯定的な側面もありましたが、より根源的な観点から考察すれば、多くの場合、不正義な侵略との共生・共存でもありました。宣教師たちが当然に母国の不法侵略を人間と正義、そして聖書の名で非難し、拒否すべきだったにもかかわらず、その核心から目をそらしたまま、かえって侵略政策に寄生して宣教・司牧にあたってきたためです。もちろん、個別には正義感にあふれた宣教師もたまにはいましたが、これはマッチポンプ式の目くらましにすぎないというのが、第三世界の神学者たちの冷徹な指摘です。

今日、我々はこうした指摘を日本に適用し、いかなる大義名分をもってしても正当化できない日本の朝鮮侵略と、これに同調する親日従属論者の詭弁を批判すると同時に、歴史的反省とともに贖罪を要求します。

今日のシンポジウムの主題である「抵抗と平和」は、まさに朝鮮半島の分断と歴代政権との不正義に言及していますが、その根本的な背景と理由は、すなわち日帝の朝鮮半島侵略と略奪にあることをはっきりと想起すべきです。いまだに在日同胞は日本で侵略の後遺症とともに、南北分断の痛みのなかに生きています。

過去にドイツが東西に分割された例を思えば、第2次世界大戦後に戦犯国家の日本が分割されて当然だったのに、あきれたことに朝鮮半島が米ソの政治的思惑と駆け引きによって分断されてしまったわけで、小国の痛みをあらためて痛感し、正義と平和を夢見るしかありません。

愛の黄金律

5・人は誰しも本能的に報復と復讐の心を持っています。これについて旧約聖書は同態復讐法を公認しています。「もし、その他の損傷があるならば、命には命、目には目、歯には歯、手には手、足には足、やけどにはやけど、生傷には生傷、打ち傷には打ち傷をもって償わねばならない」（出エジプト記21章23節―25節）。原始共同体なりに設定した合理的抵抗と補償方法です。

ですが、生の過程を通じて、人は同態復讐法が本能的要求に対する一時的解消法であるだけで、決して根源的解決と治癒ではないことを悟ります。そこでイエス・キリストは正当な復讐を愛と赦しに昇華させるよう命じます。

「あなたがたも聞いているとおり、『目には目を、歯には歯を』と命じられている。しかし、わたしは言っておく。悪人に手向かってはならない。だれかがあなたの右の頬を打つなら、左の頬をも向けなさい。……」（マタイによる福音書5章38節以下）。聖書の徹底したこの要求と命令は、キリスト者が持つべき理想的価値です。わたしたちはみな本能を持つ存在ですが、同態復讐法を超えた理想的愛の実践と要求に耳を傾けるべきです。一次元高い愛と知恵の生のためです。すなわちここに真の平和があり、永遠の平和が保障されます。しかし、これはあくまで宗教的理想であって、現実は冷酷です。だとしたら、冷酷な現実で我々はどうやって生きるべきでしょうか。だからわたしたちはみな共感する道徳的常識の原理、そして少なくとも多数が合意した法と制度の基準にしたがい、たとえ平和を達成できなくても、戦争や争いは避けようという次善の策を講じることになります。

これはいわゆる冷戦状態、つまり一時的休戦という消極的平和です。しかし、真の平和のための根源的処方は愛の黄金律だけです。

「だから、人にしてもらいたいと思うことは何でも、あなたがたも人にしなさい。これこそ律法と預言者である。」（マタイによる福音書、7章、12節）

立場を換えて考えよという、素朴ではあっても、ごく常識的なこの御言葉が、宗教の核心です。だとしたら、平和は愛の同義語です。愛は忍耐強く、自分の利益を求めず、すべてを信じ、すべてを望み、すべてを忍び、決して滅びないからです（1：コリントの信徒への手紙、13章4節以下）

正義、抵抗、平和の三位一体

6・ですが、我々は具体的日常の現実のなかでは、各自の実践的知恵を持って生きています。我々の司祭たちは、70－80年代の暗黒の時代、学生と市民が苦痛を受けていたとき、怒りを感じながら、独裁体制に立ち向かい、果敢に抵抗しました。ある内的な力が、我々を社会の現場のまっただ中に引っ張り出したのです。我々は逮捕された人たちの釈放を要求し、不正義な政権の退陣を叫びました。国民を抑圧し、拷問し、殺害する政権は、もはやその存在理由を失ったからです。カトリック正義具現全国司祭団は、こうした背景から出発し、今日に至っています。

これを我々は神の摂理であると告白します。愛と正義、抵抗と平和、個人の修行と共同体への献身、信仰と社会的実践、宗教と政治、来世と現実、天国と地上、衣食住など、我々と関連したあらゆることが、すなわち宗教であり、それがすなわち人間の領域であり、同時に天の領域であることを悟りました。事実、現実政治の救済が宗教の重要な任務のひとつだからです。これこそが預言者精神、預言者の献身です。預言者は神の御言葉で不正義な現実、平和が損なわれた現実において、王、司祭、民衆のすべてに向かって、恐ろしい毒舌を投げつけ、時には不正革命を主導することもあります。預言者たちのキーワードは、正義と告発です。すなわち不正義に対する抵抗そのものです。預言者は不正義な現実と政治体制の前で、自らの全存在をかけ、全身で立ち向かいます。そして、最後には殉教します。正義と告発、そして抵抗は、殉教的価値を持っています。まさにこの預言者の隊列に、洗礼者ヨハネとイエスキリスト、そして多くの名もない義人と殉教者、現代のすべての犠牲者が参加しています。

聖書はもちろん、愛を命じます。しかし、愛は正義に基づかねばなりません。いや、愛は正義そのものです。絶対者である神の代表的属性は、正義です。司祭団の名称を「正義具現」とした核心点理由は、すなわちここにあります。正義が達成されれば、すべてが完結します。そのためパウロ使徒は、ローマ信徒への手紙で救いの核心を神の正義を見習うこと、すなわち神とともに義化（justification）することだと喝破し、これに基づいてマルティン・ルターは中世カトリックを批判し、いわゆる宗教改革のたいまつを掲げました。ところが今日、韓国の多くのプロテスタントたちは、じつはルターのこの核心を忘れたまま、機械的信仰、現実から目を背けた信仰だけを強調しています。これに対して、志のあるプロテスタント神学者たちは、この点を非常に嘆いています。ときにそうした信仰を狂的だと指摘します。狂信という言葉がありますね。信仰は美しく、創造的なものですが、信仰も狂うことがあります。狂った信仰は人を殺します。いや、神の息子も殺します。十字架にかけられたイエス・キリストの死は、まさにそれでした。どの教会、どの礼拝堂にも、十字架が掲げられています。ところで、十字架にかけられて釘を打たれたのは誰ですか？　神の息子、イエスです。誰が彼を十字架に打ちつけたのでしょうか。神を経験に信じ、つねに「アーメン、アーメン」と繰り返し唱える信仰人たち、つまり大司祭、ファリサイ派、サドカイ派、律法学者たちでした。そこに王、総督、ローマ軍人たちが加勢しました。

わたしは常にこの点を深く考えつつ、神を敬虔に信じる人たちが、なぜ神の息子を神の名において十字架にかけて殺したのか、という疑問を提起しています。それはすなわち、今日のわたしたちの話です。現代も依然としてわたしたちは神を信じると言いながら、神の名で神の息子や娘たちを殺し続けているわけです。なぜなら、か弱いわたしたちの隣人、罪を着せられた兄弟姉妹こそが、まさしく現代のイエス・キリストだからです。非常に恥ずかしく、矛盾した話です。ですから、マルクスは本質と核心を忘れて信仰、天国、永遠の祝福、極楽だけを語りながら信者を洗脳するという点を指摘して、宗教を「人民のアヘン」と批判しました。アヘンは劇薬です。ごく少量ずつ使えば薬ですが、乱用すれば麻薬中毒になります。そうです。正義に基づかない宗教、正義に基づかないものはすべてウソであり、むしろ精神を麻痺させる毒素なのです。天地開闢を願う心、天の正義の審判、歴史の審判を確信するあらゆる根拠は、すなわち正義です。

抵抗と平和が一対であるように、正義と平和も一対です。いや、正義、抵抗、平和は生命の道しるべ、三位一体の不可分の価値でもあります。この不可分の関係は相互補完的なものであり、時には緊張関係にあります。正義、抵抗、平和のうち、どれか一つだけを強調して残りを排除するなら、それは愚かな独善です。したがって、聖書は正義の告発とともに、必ず愛を合わせて宣布します。ただ、今日のキリスト教は優先すべき正義の価値から目を背けたまま、愛と赦しだけを一方的に強調しているため、バランスと一致、そして調和をとるために、わたしは今日、こうして正義と抵抗に焦点を合わせて強調しているのです。

愛と赦しの原理を、宗教社会学者は「統合原理」として説明します。おおよそ既得権層は常に愛と統合を強調します。美しいことです。しかし、わたしたち庶民と民衆は正義と抵抗を強調します。基礎がしっかりしていなくてはならないからです。事実、最近、大統領をはじめとして、政界の一角であらためて統合と安保を強調しているのは、こうした既得権の生理です。宗教指導者も口をそろえて愛と赦し、一致と和解だけを強調します。ですが、歴史と時代について悩む青年、学生、市民、労働者、農民など、目覚めた人たちは、正義と抵抗の観点から語ります。

ところで興味深い現象は、安保と統合を叫ぶ既得権勢力は分断を煽る一方、分配と分かち合いを強調する目覚めた人たちが、かえって統一を強調しているのですから、不思議なことです。すなわち、「あばたもえくぼ」という言葉で説明してみます。

統合を叫ぶ朝・中・東〔朝鮮日報、中央日報、東亜日報の保守系三紙〕は、常に分断を煽っています。そして、その朝・中・東から国論を分裂させていると非難される進歩的な人々が、むしろ統一のためにいっそう努力しているのですから、面白くもあり、あきれもする世の中です。孔子の時代、ブッダの時代、イエスの時代もそうでした。

「律法学者たちとファリサイ派の人々、あなたたち偽善者は不幸だ。薄荷、いのんど、茴香の十分の一は献げるが、律法の中で最も重要な正義、慈悲、誠実はないがしろにしているからだ。これこそ行うべきことである。もとより、十分の一の献げ物もないがしろにしてはならないが。ものの見えない案内人、あなたたちはぶよ一匹さえも漉して除くが、らくだは飲み込んでいる。」（マタイによる福音書／23章23―24節）

安重根義士の生、その理想と現実―共同体正当防衛論

7・しばらく前、日本のNHKが伊藤博文は平和主義者、安重根義士は理想主義者だと評したと報道で聞きました。前後の文脈を知らないので、この一言の論評について言及することには

じっさい無理がありますが、ともかく面白い表現だと思いました。

日本の立場で伊藤博文をもっとも高く持ち上げる称号が平和主義者だということを確認しました。一方、安重根義士は理想主義者という評価を受けました。平和主義者と理想主義者、この二つの違いと共通点を考えれば、いっそう興味深いものがあります。いずれにせよ、日本のテレビで安重根義士を理想主義者として評したのは大したものです。呪わしく、消してしまいたかったにもかかわらず、その本能的感情を抑制し、内心を留保したまま、日本特有の外交的修辞法で、安義士を描写したのだろうと、わたしは考えました。

わたしのこうした考えは、すなわち日本に対する根源的な不信に基づいています。本心を隠す日本は、抑制されてはいますが、一方で恐ろしい国でもあります。その裏には、依然として多くのウソと侵略の陰謀を隠しているからです。もちろん、これに同調する韓国人もいます。わたしは彼らを、歴史の前に不正直な者として非難したいと思います。

日本人の立場でいうと、伊藤博文は平和主義者かも知れませんが、韓国、中国などのアジア諸国にとって、彼はただの侵略者にすぎません。いわば、彼はウソの平和、偽装された平和主義者なのです。安重根義士は平和の名で彼を射殺しました。そうした安重根義士を、日本のテレビが理想主義者と評したというのですから、その真意が気になるところです。安重根義士を理想主義者として評価した裏には、おそらく彼が非現実的な人物だということを遠回しに表現したように思われます。安重根義士は信仰人だったので、もちろん理想主義者ではありますが、それに劣らず彼は徹底して現実に基づいた実践主義者でした。彼の自叙伝から、わたしたちはこの点を容易に確かめることができます。

儒教の家庭で生まれた彼は、18歳のときにカトリックの洗礼を受けて、7～8年にわたって誠実な信仰生活を送ります。彼はフランスの宣教師を助けながら黄海道で宣教師として活躍しました。彼の宣教的情熱は、分かち合いの精神に基づいています。おいしい食べ物を隣人と分けて食べることが人情であるように、救いの心理も隣人と共有すべきだといって、救いの真理、福音を証言しました。

また、彼は正義感あふれる青年でした。

第1には、ひとりの甕津郡の住民が前参判のキム・ジュンファンに五千両を奪われた事件に関与して、身辺の危険を顧みず、ソウルにまで彼を訪ねていって抗議し、その金を返すことを約束させたこと、第2には、海州地方隊兵営の尉官、韓元教が李景周の妻と姦通した後、これを口実に逆に妻の父親を脅して財産を奪い、ついには李景周も追い出したという事件がありましたが、このひどい話を聞いて、安義士は最後まで韓元教の居場所を調べだして、彼を告発したことです。不義に対して義憤を抱き、抗弁した具体的実践です。

安義士は教育思想家でした。宣教するうちに学業の重要性を体得した彼は、大学設立を提起し、敦義学校校長、三興学校設立者として後学のために身を捧げ、国債報償運動〔日本が大韓帝国を経済的に隷属させようと提供した借款1300万ウォンを国民の力で償還しようとした運動〕のために現場に飛び込んだ愛国啓蒙実践家であり、また同胞新聞の大東共報社の記者として活躍した言論人でした。彼は日本の武力侵略の前でこうした理論と教育の限界を痛感し、義兵に投身します。不義の侵略国に立ち向かい戦うためです。安重根はウラジオストクなどで独立軍の創設に加わり、義兵戦闘に参加します。

1908年6月頃、戦闘中に逮捕した2名の日本人捕虜を、彼は果敢にも釈放しました。厳仁燮ら同僚たちは、捕虜を射殺しようと主張しましたが、安義士は独立戦争に臨んでいる限り、万国公法〔国際法〕を遵守すべきだといって、絶対に捕虜を殺してはならないと強く主張し、ついに彼らを釈放したのです。ところが捕虜たちが義兵の位置を告げて日本軍が急襲すると、結局、義兵たちは敗北し、安義士は山に追われて40日余りにわたる逃走の末に生き延びました。独立軍の陣営に戻ると、安義士は同僚たちから厳しい批判を受けました。義兵たちはみな、その日本人捕虜ふたりを射殺しておけば無事だったはずなのに、安義士が彼らを釈放したために義兵部隊が敗北したのだという恨みと告発、そしりなどを受け、ほとんど人民裁判のような形で罪人扱いされました。

安義士はそれらを黙々と甘受し、自分の信念を守りました。その後、ヨンチュハリ〔煙秋下里、ロシア沿海州クラスキノ〕で11人の仲間たちとともに左手の薬指を断ち、正天同盟を誓います。そして彼はハルビンで伊藤博文を射殺しました。キリスト者の安重根は誰よりも「殺すなかれ」という十戒をよく理解していました。

伊藤博文射殺の知らせを聞いて、ミューテル主教をはじめ当時のフランス宣教師たちは非常に驚き、大きな責任を感じて「カトリック信者は殺人してはならない」という内容のことを繰り返し強調しました。死刑宣告を受けた安重根義士は、1910年3月8日、旅順監獄を訪れたウィルヘルム神父とこの問題について真摯に話し合いました。ウィルヘルム神父はいかなる場合でも人を殺すことは誤りであることを指摘し、安重根義士は、それは現象的考察にすぎず、個人が自分のいのちと価値を守るためには加害者を除去することができるという正当防衛論を根拠に、韓国を侵略し、東洋の平和を阻害する者を除去することができるという共同体防衛の論理でウィルヘルム神父の主張に反駁しました。長い対話と討論の末に、ようやくウィルヘルム神父は安重根義士の思いを理解し、告解聖事〔懺悔〕、終傅聖事〔病者の塗油〕などカトリックの儀式を施し、彼と共にミサを捧げ、彼に聖体を与えました。こうしてウィルヘルム神父はカトリック司祭として安重根義士のハルビン義挙の正統性を対話と祈りで確認したのです。

安義士の義挙正当性はあまりにも自明でした。自然法と実定法から見て、「殺すなかれ」という戒めは生命の価値を宣言した教えであって、もし生命に危害が及ぶ場合、その貴い生命を守るために危害の要素を除去することができるという「正当防衛」の論理を含んでいます。安義士はすなわちこの原理をよく理解し、実践しました。ひとりの人間のために皆が呻吟し、苦痛を受けているならば、共同体の名においてその不義を行った人間を除去することは、あまりに自明です。安義士は義兵活動中に、仲間たちがふたりの日本人捕虜を射殺せよと言ったとき、仲間の反対を押し切って万国公法の精神に則って助けてやった命の恩人です。まさにその事実から、わたしたちは安義士の生命観を確認することができます。ナチスドイツの独裁者ヒトラーの暗殺を計画していたボンヘッファー牧師は、バスに乗っていたすべての人たちの安全のために、狂った運転手を除去することは信仰人の責務であることを、同時に思い起こします。安義士は裁判のあいだ、一貫して伊藤博文の射殺は韓国独立戦争の過程で発生した事件であるので、自分は当然に国際法上の捕虜として扱われるべきだと力説しました。彼はトマス―アクィナスの正戦論を粘り強く主張しました。

安重根義士の平和思想―東洋平和会議組織構想

8・安重根義士は、自分に対する死刑宣告の後、日本の関東都督府高等法院長との面談で、東洋平和論執筆の計画を明らかにしましたが、完成できないまま、世を去りました。

東洋平和論は、1・序文、2・前鑑、3・現状、4・伏線、5・問答からなり、実際に執筆したのは序文と前鑑です。

序文で彼は「合すれば成功し、離すれば敗北する」という格言にもとづき、当時の世界的状況を診断しています。東西分裂、十人十色の競争社会、文明の発達、競争の弊害、戦争の矛盾、ロシア帝国の侵略政策、そして韓国人の平和的特性と、何よりも日本に対する期待感を披瀝しています。安義士は日本を中心にアジアが力を合わせて、西欧侵略勢力を牽制することを念願しました。ところが日本は安義士のこの念願を裏切りました。日本の裏切りと政治的侵略の矛盾を打破するために、安義士はハルビン義挙を通して抵抗し、旅順監獄と法廷では談判をすべきだと言って、彼の平和理論を展開しています。

前鑑で彼は、大勢は変わり人心は変わるものだという歴史的省察とともに、清日戦争、露日戦争などを回想しつつ、日本に対して持っていた一筋の希望を再び披瀝します。ですが、正義に基づかず、正直でない、弱者に強く強者にこびへつらう日本の卑屈な外交政策と未熟さを指摘しつつ、近い国を軽視して遠い西洋に頼る日本を非難します。

未完の『東洋平和論』の輪郭を、わたしたちは関東都督府高等法院長との面談記録で確認することができます。先に言及しましたが、安義士は自分が韓国独立軍義兵中将の資格で伊藤博文暗殺を決行したことを強調し、伊藤の処断は東洋平和のためのものであることを明確に述べています。

東洋平和を乱すのは日本の誤った政策であり、伊藤博文はむしろ小人に過ぎず、残虐な人物だと直言しています。韓日関係、清日関係、露日関係に見るように、彼はすなわち分裂と戦争の張本人だというのです。

安義士は「韓国の独立を強固なものとする」という日王〔天皇〕と日本が公言した約束に忠実であるべきであり、外交と政策における正直さも想起しています。

日本が取るべき必要な意見に対して、安義士は「いまはまだ時ではない」と述べ、その内心を留保し、彼はただ東洋平和、アジア共同体の平和のために投身したことを力説します。

安重根義士は日本に対して西欧大国の不正義と愚を決して繰り返すことのないよう、心から忠告しています。彼は日本にまた覇権的帝国主義の方法ではない、新たな秩序のための創造的政策を開発し、新しい価値を生み出すよう言い聞かせました。それこそが平和共存です。何よりも日本は、①健康な財政を確立し、②国際社会の信用と信頼を得て、③世界列強に対して備える姿勢を持ちながらも弱点を補うことを勧めるとともに、この三つを履行する核心は、ひとえに心を正すことだと強調しました。それは侵略政策を修正し、共存への道を選ぶことです。

何よりも、隣国の韓国や清と友好を結び、正しい道を歩むことを求めたのです。

最後に彼は「東洋平和論」の核心である旅順平和会議の組織と共同管理を提案しました。独創的な発想です。百年前、安重根義士はまさに今日のEU、大陸間経済連合のようなことを構想したのですから、彼は十分に天才的な先見の明を持ち、博学な経済正義、平和理論家でもありました。

面談録後半部の核心内容の一部をそのまま引用して紹介します。

新しい政策とは、旅順を開放して日本、清国、韓国の共同管理軍港にし、三国から代表を派遣して平和会議を組織した後、これを公表することです。これは日本に野心がないことを証明することです。旅順は清国に返還し、平和の根拠地とすることがもっとも賢明な方法だと思います。

覇権を握るには大変な手段が必要です。旅順の返還は日本にはつらいでしょうが、結果的にはむしろ大きな利益となります。世界各国がその決断に驚き、日本を賞賛し、信頼するようになり、日本、清国、韓国は永遠の平和と幸福を享受できるでしょう。財政確保については、旅順に東洋平和会議を組織して会員を募り、会員ひとり当たり1円の会費を募金すればいいでしょう。日本、清国、そして韓国の数億の人口がこれに加入することは明らかです。銀行を設立して各国共用貨幣を発行すれば信用が保証されるので、金融は自然と盛んになるでしょう。そして必要な場所に平和会議支部を置き、銀行の支店を併設すれば、日本の金融は円満となり、財政基盤も固まるでしょう。旅順の維持のために日本は軍艦を5、6隻配置すればそれでいいのです。したがって、旅順を返還したとしても、日本を守るには心配がないことを、他国に誇示することができます。

以上の方法で東洋の平和は保障されますが、日本をうかがう列強に対応するためには、武装防衛も必要になります。これについては、日本、清国、韓国の三国が代表を派遣してともに論ずればいいでしょう。三国の青年たちで軍団を編成し、彼らがふたつ以上の語学を学ぶようにして、友邦または兄弟姉妹の観念が高まるよう指導します。こうした日本の態度を世界に示せば、世界はこれに感服し、日本を尊敬して敬意を表するようになるでしょう。そうなれば、日本に対して野心がある国があったとしても、その機会を得ることが難しくなり、日本は輸出も増え、財政も豊かになって、泰山のような安定を享受できるでしょう。

清と韓国の両国もともにその幸福を享受し、世界に模範を示すことができます。そして清韓両国は日本と共に商工業の発展をめざすことができます。したがって、覇権という言葉は意味がなくなり、満鉄をめぐる紛争も解消されるでしょう。

こうなれば、インド、タイ、ベトナムなどアジア各国が自ずとこの会議に加盟し、日本は戦わずして東洋の主役になることができます。

まとめ

最後に安義士は、自分はあらかじめ命を賭けて国家のために戦おうと誓ったので、死の前で決して恐れることはないのみならず、上告もしないことを明らかにし、東洋平和論と自叙伝を書き終えて、訪問予定のウィルヘルム神父との面会を期待するとともに、イエスの受難の金曜日である3月25日に死刑になるとの心中を披瀝しました。

死を前にした彼の毅然とした態度、その最後の祈りと遺言を、あらためて胸に刻みます。ふたりの弟に残した遺言を再び黙想します。

「わたしが死んだら、骨はハルビン公園のそばに埋めて、わが国が主権を取り戻した後に故国に移してくれ。わたしは天国に行っても、わが国の独立のために力を尽くすつもりだ。お前たちは帰って、同胞たちに対してそれぞれ国に責任を負い、国民たる義務を尽くし、心をひとつにして力を合わせて、大志を成し遂げるよう伝えてくれ。

大韓独立の声が天国に聞こえたら、わたしは小躍りして万歳を叫ぶだろう。」

光州抗争30周年を迎え、安重根義士の生を振り返り、各自の責任と義務を尽くすことを誓います。

天の前に一点の恥もなく生きること（尹東柱）、
あらゆる形態の国家的、社会的、政治的個人主義を克服し、
共同体と共同善のための回生と献身の生を志向した連帯性の原理、
あらゆる国家や社会や集団も、個人に先立つ存在ではないという
人間尊厳思想と補助性〔補完性、サブシディアリティ〕の原理、
これを悟り、実践することこそが、抵抗と平和、そして正義の具現なのです。
美しいこの旗は、個人、共同体、そして国家間に適用されなくてはなりません。
わたしはこの高貴な旗を5・18光州抗争犠牲者たちの生き様のなかで確かめ、
我々の歴史と時代の要求である抗日独立闘争と親日残滓の清算、
民主主義の実現と独裁残滓の打破、
そして民族の一致と和解、統一のためにともに努力することを誓いつつ
あらゆる領域で人間と正義の名において抵抗し、平和を実現するよう
決意し、祈ります。
ありがとうございます。

翻訳：米津篤八

あとがき

私が大学生の時、光州は民主化運動の聖地だった。全国の大学生たちにとって、5月に光州を訪れ、望月洞墓地を巡礼することが、重要な儀式になっていた。しかし、当時は望月洞墓地の周辺、光州全体は戦闘警察に包囲され、韓国民主化運動弾圧の象徴でもあった。90年代、金泳三大統領と金大中大統領が登場して以降、真相究明が進められた。国立墓地が造成され、被害者への補償も行われた。今では、5月18日は国家記念日として、一部地域ではあるが記念式典の様子が生中継されるまでになっている。

「光州」と聞くだけで、私は胸が重くなり、複雑な感情を抱く。それは今でも変わりない。だが、30年を経った今日、日本やアジアの各地から多くの人びとが記念シンポジウムに参加し、観光などの形で光州を訪れるようになった。訪れることさえ禁止されていた時代を考えると、30年という時間の流れとともに、光州が訴えてきた韓国の民主主義のあり方が大きく変わってきていることを考えさせられる。

1998年、私は日本に留学した。留学前、韓国で考えていた靖国といえば、日本の首相が参拝し、戦争を美化する場所というイメージしかなかった。2006年8月15日、小泉首相の靖国「公式」参拝に抗議して、韓国や台湾から遺族を含め200人以上の人びとが来日した。当時、立命館大学教授だった徐勝先生から、いつものように突然、深夜に電話がかかってきた。ヤスクニキャンドル行動の「事務局をやれ」と言う。「こういう問題は、日本人自らやるべきです」と断ったが、「日本人自らやらないから」という返事だった。それ以降、「ヤスクニの闇に平和の灯を！東アジア4地域（日本・韓国・台湾・沖縄）キャンドル行動実行委員会」の事務局に毎年加わってきた。多くの人びとから「靖国の闇」の本質的な問題を学ぶ中で、日本社会の歴史問題が解決されないその根底に、靖国史観や靖国問題が根深く存在していることが少しずつ分かってきた。また、死者に対する美化や顕彰の問題は、日本だけの問題ではないと考えるようになった。

韓国でも国軍兵士や独立運動家の死に対する美化や英雄化は、国家主義やナショナリズムを形成していくうえで、重要なイデオロギーとして作用している。それだけでなく、民主化運動の象徴である光州事件の真相究明の後、望月洞の犠牲者が国立墓地に移葬された。彼らに暴力を加えた国軍の加害者と民衆の被害者が、同時に国家によって追悼されるという事態となった。日本国家が追悼という名の下に死者を美化することの問題性を訴え、靖国を批判すればするほど、韓国の民主化精神の象徴として光州事件の犠牲者を国家が追悼することの問題性も見えてきた。

軍国主義による犠牲の象徴である靖国と民主化闘争による犠牲の象徴である光州は、質が違うものであり、その歴史も背景も経緯が異なっている。光州と靖国を同じ天秤にかけて比較することは、私の短い民主化運動の経験から見ても言語道断である。質が違うものを比較すること自体に違和感を覚える人も韓国民主化運動陣営には多くいるだろう。

光州の死者への英雄化と国立墓地への埋葬がなされ、民主化運動の抵抗の精神が形骸化されつつある現状を見ると、光州や韓国の民衆の犠牲に対して再び原点に立ち返り考える必要がある。光州出身であり、いわゆる光州精神で自分の民主化運動と現在の生き方を考えてきた者として、光州の現在の追悼のあり方に関して、今の時代だからこそ取り上げるべきだと思った。それは、まさに我々の中に存在しているもう一つの国家意識や構造的な暴力とも向き合いたいという気持からでもあった。

２０１０年、日本の平和学会と韓国の全南大学5・18研究所による、「光州民衆抗争30周年記念日韓国際シンポジウム」を準備するにあたり、高橋哲哉先生に靖国の視点から光州の追悼のあり方を見ていただきたいと頼んだ。民衆の犠牲の死に対する追悼の問題は、今は光州だけの問題ではない。民主化された後のアジアにおいて、民主化闘争とその闘いの中で亡くなった多くの犠牲者の追悼問題は、民主化後のアジアの国々が抱えている共通の問題でもある。

革命の「聖地」であり、韓国民主化運動の心臓部である光州で、民衆の犠牲の死に対する美化の問題を取り上げることは、高橋先生にとってもプレッシャーであったと話されている。その勇気と鋭い分析があったので、死者に対する追悼の問題をさらに一歩進んだ観点から考えることができたと思う。

この本は、高橋哲哉先生の勇気ある問題提起と内海愛子先生の企画力によって成立したものである。民主化の闘いの中から死者を見てきた私の経験と、犠牲の死に対する徹底的で緻密な論理を展開してきた高橋先生の間の溝は未だに大きい。そこに日本と韓国ほど国境や民族意識が強くない東南アジア、とくにインドネシアの側から国家追悼の問題を指摘する村井吉敬先生の視点が入ったことで、東アジアの国家追悼や犠牲の死に対する問題をより多面的にとらえることができた。

２０１０年に企画された本書は、刊行までに3年の歳月を要した。その間、２０１３年3月、村井吉敬先生が病で突然亡くなられた。結果的に本書は村井先生に対する追悼の書になった。両親は健在であるが、私にとって村井先生の死は、あたかも両親を亡くしたかのような深い悲しみをもたらした。韓国人である私が、日本人のためにこれほど悲しみ、泣くとは思わなかった。国籍や民族に関係なく、死者に向き合うことを自分の身体をもって体験するなかで、この本が出版された。村井先生も、天国で嬉しく思っていてくださるのではないだろうか。「あまり話はかみ合わなかったけど、死者との向き合い方を考える一つのきっかけになれたのでは……」と。

最後になったが、九州大学の直野章子先生、韓国民主化運動記念財団のチョン・ホギ先生には、貴重なアドバイスをいただいたことにお礼申し上げる。

李泳采（イ・ヨンチェ）

光州でのシンポジウムを含めると3回の議論の場を設けて、本書ができあがった。光州から長野県佐久そして東京と場所を移して、高橋哲哉さん、イ・ヨンチェさん、村井吉敬さんに語っていただいた。

村井吉敬さんは、40年間、インドネシア各地を歩いてきたが1990年代以降はパプアに出かけることが多かった。パプアの森と海と人びとに魅かれていたというが、そこはまた、ビアク島の壕（ゴア・ジュパン）のような日本軍兵士たちの「無残な死」の痕跡が数多く残されていた場所でもあった。収集されない遺骸が残る島を歩きながら、村井さんは日本軍の占領から独立後のインドネシアの「占領」まで、住民の視点から「国家とは何か」を考えてきた。村井さんの参加で、日本と韓国だけでなく「国家国家とした国家」でない東南アジアに視点を広げることができた。

村井吉敬さんは、本書の原稿に最も早く手を入れて提出してくださったが、2013年3月、『パプア　森と海と人びと』（めこん）を残して、逝去された。刊行が大幅に遅れて最終稿に目を通していただけなかったのが心残りである。

最後になるが、小林多津衛民芸館館長の吉川徹さん、梨の木舎の羽田ゆみ子さんには、今回もたいへんお世話になった。この場を借りてお礼を申し上げたい。

内海愛子

2013年7月7日

プロフィール
高橋哲哉（たかはし・てつや）
1956年、福島県生まれ。東京大学大学院総合文化研究科教授。大学では専門の哲学のほか、「人間の安全保障」なども教える。ベストセラーとなった『靖国問題』（ちくま書房　2005）の他、『戦後責任論』（講談社　1999）、『国家と犠牲』（ＮＨＫ出版　2005）など、著者多数。近著に『犠牲のシステム　沖縄・福島』（集英社新書　2012）、『いのちと責任』（大月書店　2012）高史明との共著、などがある。

李泳采（イ・ヨンチェ）
1971年、韓国生まれ。恵泉女学園大学教員。98年来日、専門は日韓・日朝関係。日韓の市民団体の交流のコーディネーター、韓国語、韓国映画や映像を通して現代を語る市民講座の講師を務める。「ヤスクニの闇に平和の灯を！東アジア4地域（日本・韓国・台湾・沖縄）キャンドル行動実行委員会」事務局、光州5.18財団発行の「アジアジャーナル」海外編集委員。

著書に『韓流がつたえる現代韓国』（梨の木舎　2010）、『アイリスでわかる朝鮮半島の危機』（朝日新聞社　2010）、『なるほど！これが韓国か―名言・流行語・造語で知る現代史』（朝日新聞社2006）、『朴正熙　動員された近代化』（曺喜昖著、李泳采監訳、牧野波訳）（彩流社　2013）など。

村井吉敬（むらい・よしのり）
早稲田大学大学院中退。東南アジア社会経済論。1975-77年、インドネシア・パジャジャヤラン大学留学。上智大学外国語学部、早稲田大学アジア研究機構教授（―2013年３月）。上智大学グローバル・コンサーン研究所客員研究員。2013年3月没。

著書に、『スンダ生活誌　変動のインドネシア社会』（日本放送出版協会　1978）、『小さな民からの発想　顔のない豊かさを問う』（時事通信社　1982）、『エビと日本人』（岩波新書　１９８８年）、『エビと日本人Ⅱ』（岩波新書　2007）、『ぼくの歩いた東南アジア』（コモンズ　2009）、『パプア森と海と人びと』（めこん　2013）など。

内海愛子（うつみ・あいこ）
早稲田大学大学院（社会学）修了。在日朝鮮人などマイノリティの人権問題に関心をもって活動・研究。日本朝鮮研究所、インドネシア国立パジャジャラン大学、恵泉女学園大学、早稲田大学大学院をへて、現在、大阪経済法科大学アジア太平洋研究センター特任教授。

著書に、『朝鮮人ＢＣ級戦犯の記録』（勁草書房　1982）、『スガモプリズン―戦犯たちの平和運動』（吉川弘文館　2004）、『日本軍の捕虜政策』（青木書店　2005）、『平和の種をはこぶ風になれ』（梨の木舎　2007）（ノーマ・フィールドとの共著）、『東京裁判―捕虜関係資料』（全３巻）（共編著　現代史料出版　2012）など。


教科書に書かれなかった戦争 PART61
犠牲の死を問う――日本・韓国・インドネシア

2013年8月15日　初版発行

著　者　高橋哲哉・李泳采・村井吉敬
コーディネーター　内海愛子
装　丁　宮部　浩司
発行者　羽田ゆみ子
発行所　梨の木舎
〒101-0051　東京都千代田区神田神保町1-42　TEL 03(3291)8229　FAX 03(3291)8090
eメール　nashinoki-sha@jca.apc.org　http://www.jca.apc.org/nashinoki-sha/
ＤＴＰ　石山和雄
印刷所　株式会社　厚徳社

アジア・ヒューマンライツ

アジア人権基金の歩み

土井たか子・村井吉敬・アジア人権基金編

A5判/272頁/定価2500円＋税

アジア人権基金20年の活動の集大成。アジアの人権状況を俯瞰する。43カ国の人権マップ付。

●目次　1　アジアの人権、たたかうひと人　　2　アジア人権基金と私
3　アジア人権基金のあゆみ　　付録・アジア人権マップ

978-4-8166-1002-8

教科書に書かれなかった戦争㉕忘れられた人びと

――日本軍に抑留された女たち・子どもたち

S・F・ヒューイ著　内海愛子解説　伊吹由歌子ほか訳

A5判／328頁／定価3000円＋税

●目次 第二次大戦以前、戦前・戦中の生活 収容所にて 収容所のなかの子どもたち 戦争が終わって エピローグ 解説・オーストラリアのオランダ人元抑留者たち、収容所索引

アンネのことは誰もが知っている。日本軍の収容所にも多くのアンネがいた。10万人が収容され、飢えと病気、暴力により1万人が死んだ。男たちの物語の陰で忘れられてきた女と子どもたちのドラマ。

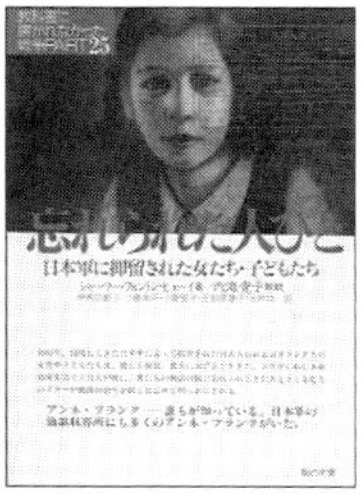

4-8166-9800-0

平和の種をはこぶ風になれ

ノーマ・フィールドさんとシカゴで話す

ノーマ・フィールド　内海愛子著

四六判上製／264頁／定価2200円＋税

2004年7月4日、内海愛子さんとシカゴ空港に降り立った。対イラク戦争を始めて1年すぎた独立記念日のアメリカ。「戦時下なのに戦争の影がないですね」、から対談は始まった。わたしたちの平和な消費生活が戦争を支えている――。個人史をふり返りながら、「平和」とは何かを考える。

978-4-8166-0703-5

韓流がつたえる現代韓国

――『初恋』からノ・ムヒョンの死まで

イ・ヨンチェ著

A5判／192頁／定価1700円＋税

韓流ドラマ・映画を入り口に韓国現代を学ぶ。韓国ドラマの中にはその時代の社会像とその時代を生きた個人の価値観や人間像がリアルに描かれている。植民地・分断・反共・民主化、そして格差をキーワードに織り込みながら、民主化世代の著者が語る。民主化の象徴であるノ・ムヒョン前大統領の死を韓国の国民はどううけとめたか。

978-4-8166-1001-1